Consumer Psychology Cases and Practice

消费心理学
案例与实务

白玉苓 / 编著

经济日报出版社

北　京

图书在版编目(CIP)数据

消费心理学：案例与实务 / 白玉苓编著. -- 北京：经济日报出版社，2024.2
ISBN 978-7-5196-1368-6

Ⅰ.①消… Ⅱ.①白… Ⅲ.①消费心理学 Ⅳ.
①F713.55

中国国家版本馆CIP数据核字（2023）第221833号

消费心理学：案例与实务
XIAOFEI XINLIXUE：ANLI YU SHIWU

白玉苓　编著

出　　版：	经济日报出版社
地　　址：	北京市西城区白纸坊东街2号院6号楼710（邮编100054）
经　　销：	全国新华书店
印　　刷：	北京虎彩文化传播有限公司
开　　本：	710 mm×1000 mm　1/16
印　　张：	14
字　　数：	198千字
版　　次：	2024年2月第1版
印　　次：	2024年2月第1次印刷
定　　价：	68.00元

本社网址：edpbook.com.cn　　微信公众号：经济日报出版社
未经许可，不得以任何方式复制或抄袭本书的部分或全部内容，**版权所有，侵权必究**。
本社法律顾问：北京天驰君泰律师事务所，张杰律师　举报信箱：zhangjie@tiantailaw.com
举报电话：010-63567684

本书如有印装质量问题，请与本社总编室联系，联系电话：010-63567684

前 言

近年来,我国消费市场发生巨大变化,消费规模持续扩大,消费结构不断改善。电商直播、移动支付、智慧商店等新的消费方式和消费模式的出现,给人们带来了全新的消费体验。对于个体消费者,面对琳琅满目的商品和"花样翻新"的营销手段,如何进行消费决策?怎样做一个理性的消费者?对于经营者,面对瞬息万变的商业环境和越来越"聪明"的消费者,如何掌握消费者心理的复杂性和多变性,进而影响消费者的决策和行为?对于政府而言,如何激发消费需求,发挥消费对经济增长的促进作用,更好满足人民日益增长的美好生活需要。回答这些问题对个体消费者、经营者、政府具有重要的意义,消费心理学日益受到重视。

笔者结合多年教学经验,在编写《消费心理学》等系列教材的基础上,设计并编写了以案例为主体的本书内容。在编写时遵循以下原则:(1)时效性。案例选材密切联系日常消费生活。(2)实践性。通过案例分析和实训任务,更好地理解和发挥理论对实践的指导作用。(3)大众性。案例编写强调故事性,具有可读性和趣味性。(4)适用性。章节体例设计遵循学习规律,循序渐进,提高学习效果。

在写作过程中,笔者参考了消费心理学研究的大量文献,借鉴了有关案例品牌的报道和官网资料等,在此谨对所涉及的专家、学者、品牌表示诚挚的感谢。本书获北京服装学院教材出版专项资助。教育部首批新文科研究与改革实践项目(2021140009)和"纺织之光"中国纺织工业联合会高等教育教学改革研究项目(2021BKJGLX093)的研究成果。

由于水平有限,书中难免出现疏漏之处,敬请读者批评指正。

白玉苓

2023 年 3 月于北京

目 录

第一章　消费心理学概述 ……………………………………… 1
第一节　理论知识要点 …………………………………………… 3
第二节　教学引导案例 …………………………………………… 8
案例 1.1　你对"萌经济"有抵抗力吗 …………………………… 8
第三节　课堂讨论案例 …………………………………………… 11
案例 1.2　"猫爪杯"的热度 ……………………………………… 11
【实训任务】面包店消费者行为调研 ……………………………… 14

第二章　消费者心理活动过程 ……………………………… 15
第一节　理论知识要点 …………………………………………… 17
第二节　教学引导案例 …………………………………………… 21
案例 2.1　我是江小白 …………………………………………… 21
第三节　课堂讨论案例 …………………………………………… 24
案例 2.2　传情圣物——哈根达斯 ………………………………… 24
【实训任务】品牌对消费者的影响调研 …………………………… 25

第三章　消费者个性心理特征 ……………………………… 27
第一节　理论知识要点 …………………………………………… 29
第二节　教学引导案例 …………………………………………… 33
案例 3.1　个性十足的 ONLY ……………………………………… 33
第三节　课堂讨论案例 …………………………………………… 35
案例 3.2　与众不同的无印良品 …………………………………… 35
【实训任务】"服装与个性"的消费调查 ………………………… 37

第四章　消费者个性心理倾向 ……………………………… 41
第一节　理论知识要点 …………………………………………… 43

第二节　教学引导案例………………………………………………47
　　　　案例 4.1　母婴市场中的"辣妈"………………………………47
　　第三节　课堂讨论案例………………………………………………51
　　　　案例 4.2　学习"宜家"好榜样…………………………………51
　　【实训任务】奶茶消费需求和态度市场调查……………………………53

第五章　消费者人口统计特征、自我概念和生活方式………………………55
　　第一节　理论知识要点………………………………………………57
　　第二节　教学引导案例………………………………………………60
　　　　案例 5.1　女性的力量——西装…………………………………60
　　第三节　课堂讨论案例………………………………………………63
　　　　案例 5.2　银发市场——爱"美"没商量………………………63
　　【实训任务】社区居民消费状况调研……………………………………67

第六章　消费群体与消费者心理………………………………………………69
　　第一节　理论知识要点………………………………………………71
　　第二节　教学引导案例………………………………………………75
　　　　案例 6.1　百事可乐——新一代的选择…………………………75
　　第三节　课堂讨论案例………………………………………………79
　　　　案例 6.2　士力架——横扫饥饿　做回自己……………………79
　　【实训任务】在校大学生消费状况调研…………………………………82

第七章　经济文化环境与消费者心理…………………………………………83
　　第一节　理论知识要点………………………………………………85
　　第二节　教学引导案例………………………………………………90
　　　　案例 7.1　"一碗拉面"折射的文化……………………………90
　　第三节　课堂讨论案例………………………………………………93
　　　　案例 7.2　小汽车"开进"你我家………………………………93
　　【实训任务】春节消费习俗及消费热点调研……………………………95

第八章　社会环境与消费者心理………………………………………………97
　　第一节　理论知识要点………………………………………………99
　　第二节　教学引导案例………………………………………………103
　　　　案例 8.1　英国的那些报纸………………………………………103
　　第三节　课堂讨论案例………………………………………………106

  案例8.2 宠物——家庭消费中的"新成员" …………………………… 106
 【实训任务】家庭消费状况报告 …………………………………………… 109

第九章 产品与消费者心理 111
 第一节 理论知识要点 ……………………………………………………… 113
 第二节 教学引导案例 ……………………………………………………… 119
  案例9.1 你多久换一部手机 ………………………………………… 119
 第三节 课堂讨论案例 ……………………………………………………… 122
  案例9.2 宝格丽：与蛇共舞 ………………………………………… 122
 【实训任务】手机使用及消费状况调查 …………………………………… 124

第十章 价格与消费者心理 127
 第一节 理论知识要点 ……………………………………………………… 129
 第二节 教学引导案例 ……………………………………………………… 131
  案例10.1 新"十元店"——名创优品 ………………………………… 131
 第三节 课堂讨论案例 ……………………………………………………… 134
  案例10.2 无印良品的"新定价"活动 …………………………………… 134
 【实训任务】牛奶价格及消费状况实地调查 ……………………………… 137

第十一章 销售场所与消费者心理 139
 第一节 理论知识要点 ……………………………………………………… 141
 第二节 教学引导案例 ……………………………………………………… 145
  案例11.1 宜家家居——进入"危险的仙境" ……………………… 145
 第三节 课堂讨论案例 ……………………………………………………… 148
  案例11.2 灯光怎样"忽悠"我们的大脑 ……………………………… 148
 【实训任务】商店选址、布局及陈列对消费者的影响调查 ……………… 151

第十二章 促销与消费者心理 153
 第一节 理论知识要点 ……………………………………………………… 155
 第二节 教学引导案例 ……………………………………………………… 160
  案例12.1 巴黎欧莱雅——"我值得拥有" ……………………………… 160
 第三节 课堂讨论案例 ……………………………………………………… 165
  案例12.2 欧米茄超霸史努比：传奇14秒 …………………………… 165
 【实训任务】广告对消费者的影响调查 …………………………………… 169

第十三章　消费者行为与消费者决策 …… 171

　　第一节　理论知识要点 …… 173
　　第二节　教学引导案例 …… 177
　　　　案例 13.1　吃水果麻烦？来一杯果昔吧 …… 177
　　第三节　课堂讨论案例 …… 180
　　　　案例 13.2　英国的消费者："省钱"热情高 …… 180
　　【实训任务】电脑购买和消费状况调查 …… 183

第十四章　网络消费心理与行为 …… 185

　　第一节　理论知识要点 …… 187
　　第二节　教学引导案例 …… 190
　　　　案例 14.1　新零售"盒马鲜生"新思路 …… 190
　　第三节　课堂讨论案例 …… 193
　　　　案例 14.2　迪卡侬的"自助结账" …… 193
　　【实训任务】直播购物状况及满意度调研 …… 196

第十五章　绿色消费心理与行为 …… 199

　　第一节　理论知识要点 …… 201
　　第二节　教学引导案例 …… 204
　　　　案例 15.1　时尚新潮流——绿色环保牛仔裤 …… 204
　　第三节　课堂讨论案例 …… 208
　　　　案例 15.2　麦当劳——纸吸管替代塑料吸管 …… 208
　　【实训任务】校园垃圾分类状况调研 …… 210

第一章

消费心理学概述

本章导读

现实生活中，每个人都是消费者，因为我们生活在一个消费社会中。从理论上，如何对我们习以为常的概念进行解读？消费者行为学的研究内容是什么？如何理解消费者行为的特点？

本章学习消费、消费者、消费者行为等基本概念，明确消费者行为学的研究内容，梳理消费者行为的产生和发展，特别介绍了几种消费者行为的研究方法，这些方法可以贯穿于学习这门课程的始终，供大家科学合理地加以运用。在数字化发展的时代，消费者行为的新特征也值得我们关注，因为科技的发展或将使消费者的行为发生天翻地覆的变化。

本章案例中的"你对'萌经济'有抵抗力吗"和"'猫爪杯'的热度"不仅反映了当前消费者的"求美""求新""从众""有趣""求异"等心理现象，也是消费者在节奏紧张、压力巨大的社会中寻求慰藉的一种反映。这些案例无疑也展现了消费的另一种力量，即让消费者获得精神收益和心理价值。

第一节 理论知识要点

一、消费者行为学的研究内容

(一)消费者行为的含义

1. 消费

消费是人们消耗物质资料和精神产品以满足生产和生活需要的过程。

消费可以分为生活消费和生产消费。生活消费是人们为了自身的生存与发展,消耗一定的生活资料和服务,以满足自身生理和心理需要的过程。如衣、食、住、行、休闲、娱乐等方面的消费都是生活消费。而生产消费是指生产过程中对工具、原材料、人力等生产资料和活劳动的消耗。它包含在生产中,是维持生产过程持续进行的基本条件。消费心理学主要研究生活消费。

2. 消费者

人是消费的主体,也就是说,消费活动是由人来完成的。生活中,每个人都是消费者,每一天都要进行各种各样的消费。

狭义的消费者是指购买、使用各种产品和服务的个人或家庭;广义的消费者是指购买、使用各种产品与服务的各类组织,包括企业、学校、医院、政府机关和其他社会组织等。两者的区别主要表现在消费目的不同,前者是为了满足个人或家庭需要,后者则是为了满足生产或经营的需要。本书的研究主要针对的是狭义的消费者。

3. 消费者行为

消费者行为是指消费者为了满足需求而进行的产品或服务的选择、购买、使用、处置,从而发生的心理和行为活动。

根据美国市场营销学会(American Marketing Association,AMA)的定义:

"消费者行为是感知、认知、行为以及环境因素的动态互动过程,是人类履行生活中交易职能的行为基础。"韦恩·霍伊尔(Wayne Hoyer)认为消费者行为反映了消费者个人或群体获得、消费、放弃产品、服务、活动和观念的所有决策及其发展;罗格·布莱克韦尔(Roger Blackwell)认为消费者行为是人们在获取、消费以及处置产品和服务时所采取的活动。

实际上,消费者的各种消费行为无一不受到心理活动的支配。例如,购买什么、何时购买、何处购买、怎样购买以及怎样使用等,消费者对其中的每一个环节和步骤都会做出相应的心理反应,以进行分析、比较、判断和决策。在这一过程中,消费者所有的表情、动作及行为,都是其复杂心理活动的表现。可以说,消费者的行为是消费者在一定心理活动支配下进行的,消费心理是消费行为的基础。即任何一种消费活动既表现为消费者的某种消费行为,也包含了消费者的某种心理活动。

(二)消费者行为的特征

1. 广泛性和分散性

2. 多样性和复杂性

3. 易变性和发展性

4. 非专家性和可诱导性

(三)消费者行为学的研究内容

1. 影响消费者行为的心理因素

(1)消费者心理活动过程

(2)消费者个性心理特征

(3)消费者个体心理倾向

2. 影响消费者行为的环境因素

(1)经济因素

(2)文化因素

(3)社会因素

3. 影响消费者行为的营销因素

企业在产品、价格、销售场景、沟通传播、销售服务等营销方面采取的措施和策略。

二、消费者行为的学科来源和研究方法

（一）消费者行为的学科来源

1. 普通心理学
2. 社会心理学
3. 社会学
4. 经济学
5. 人类学

（二）消费者行为的研究方法

1. 观察法

观察法是指有目的、有计划地观察消费者动作、表情、语言等方面的外在表现，并把观察结果按规则系统地记录下来，然后分析其原因与结果，从而揭示其心理活动规律的方法。在实际应用中，观察法主要用于研究消费者的行为、消费者对产品价格的反应及新产品销售情况等。

观察法的主要优点是比较直观，被观察对象的外在表现是在不受干扰的情况下自然流露的，因此，观察所获得的结果一般是比较真实和切合实际的。观察法的局限性是只能观察到被观察对象从事活动的外在表现，并不能了解其活动的原因，因而通过观察所得的资料往往不足以区分哪些外在表现是偶然的、哪些是经常的。目前，高科技的仪器、设备已被应用于观察法的研究中，用来辅助肉眼直接观察。

2. 访谈法

访谈法是通过与受访人面对面地交谈来了解受访人的心理和行为的基本研究方法。由于研究问题的性质、目的或对象不同，访谈法具有不同的形式。例如，结构性访谈和非结构性访谈、个人访谈和团体访谈等。

访谈法在理解个人如何做出购买决定、产品被如何使用，以及了解消费者在生活中的情绪和个人倾向时尤其有用。新的概念、设计、广告和促销信息往往可通过访谈法得到灵感或依据。

3. 问卷法

问卷法是根据研究内容的要求，由调查者事先设计调查问卷，向被调查者提出问题，由其予以回答并填写答案，然后汇总调查问卷，进行问卷整理和分析，从中了解被调查者的心理与行为的一种方法。根据操作方式的不同，问卷法可分为邮寄式问卷调查法、入户式问卷调查法、网络式问卷调查法、拦截式问卷调查法和集体式问卷调查法等。

4. 投射法

投射法是指不直接对被试者提出明确问题以求回答，而是给被试者一些意义不确定的刺激，让被试者想象、解释，使其内心的动机、愿望、情绪、态度等在不知不觉中投射出来。在消费者行为研究中常用的投射法有主题统觉测验法、造句测验法、漫画实验法和角色扮演法等。

5. 实验法

根据实验场所的不同，实验法可分为市场实验法和实验室实验法两种形式。

市场实验法是指在市场环境中，有目的地创设或变更某些条件，给消费者的心理活动以一定的刺激和诱导；或者针对某一心理与行为问题，选择一定的实验对象进行调查，从而观察和记录消费者心理活动的各种表现。例如，调查商品包装对销售量的影响程度时，可以选定几家商店，分为甲、乙两组。前几周将旧包装商品交甲组商店出售，将新包装商品交乙组商店出售，几周后互换包装。实验结束，就可统计出使用新包装商品的销量相对于使用旧包装商品销量的增长率。

实验室实验法是指在专门的实验室内，借助各种仪器和设备进行心理测定分析的方法。例如，测试消费者对广告作品的心理反应就可以通过实验室实验法进行，现代化的设备可以准确记录被试者的一系列生理反应。但是这种方法一般难以准确地测定复杂的、深层的心理活动，应用范围有限。

三、消费者行为学的产生和发展

（一）消费者行为学的产生

1. 第一阶段：19 世纪末到 20 世纪初

2. 第二阶段：20 世纪初至 20 世纪 40—50 年代

3. 第三阶段：20 世纪 50—70 年代

（二）消费者行为学的发展

1. 萌芽与初创

19 世纪末到 20 世纪 30 年代，消费者心理与行为的理论开始出现。

2. 应用与发展

20 世纪 30—60 年代末，消费者行为学的理论研究快速发展。

3. 变革与创新

20 世纪 70 年代以后，是消费者行为学的变革创新时期。

（三）数字化消费者行为的兴起

1. 购买方式从线下转为线上

2. 支付方式的数据化

3. 购买决策受社交媒体的影响

4. 购物体验的重要性正在提升

5. 数据驱动的个性化产品及服务

第二节　教学引导案例

案例1.1　你对"萌经济"有抵抗力吗

一、案例内容

虽然对"萌经济"还没有明确的定义，但这并不妨碍"萌商品"如雨后春笋般出现。小到超市卖的"龙猫柚子"、长"耳朵"的手机外壳，大到笑容可掬的大黄鸭、街道上霓虹灯广告中招人喜爱的小动物，手机上各式萌萌的表情包……以上这些都有卖"萌"的影子。图1-1为店铺里吸引顾客的萌鸭。

图1-1　店铺里的萌鸭吸引顾客

为什么人们对"萌"毫无抵抗力？有研究显示，消费者有"求美"和"求新"的消费心理。他们爱追赶潮流，注重时髦和新奇，更喜欢"有一定感觉"的消费，关注"拍照""晒图""点赞"的体验，而"萌经济"锁定的正是以"80后""90后""00后"为主的消费群体，他们在求学、就业和爱情等方面的压力下，更容易把这些"萌物"当作情感寄托，通过这些"萌商品"，获得陪伴与治愈，得到有趣的体验。同时，"卖萌"往往会通过各种令人愉悦的非语言符号体现，将真实世界中人们丰富的表情进行虚拟的、夸张的表达，具有生动、可爱、易于理解的特性，能拉近品牌与消费者的心理距离。

理论上，品牌形象是消费者根据自己对品牌的了解和体验所形成的品牌认知和产生的联想。"卖萌"可增加消费者对品牌的美好联想，塑造品牌的个性形象，从而增加顾客与品牌的接触与互动，提升消费体验，增强消费者对品牌的信任感。

如图1-2所示，服装店里的萌鸭和萌羊为消费者营造了温馨的购物氛围。

图1-2　服装店里的萌鸭和萌羊营造温馨的购物氛围

看来，日益走俏的"萌经济"，其实是基于消费者心理需求的一种全新的营销模式，是通过"萌"系列产品而催生消费者的消费行为，再借新媒体之力实现立体传播，从而形成的一种新的经济业态。

二、案例思考题

1."萌经济"反映了消费者怎样的消费心理？
2."萌经济"如何拉近了消费者和品牌的心理距离？

三、案例分析提示

1."萌经济"反映了消费者怎样的消费心理？

在当前经济、社会生活飞速变化的大背景下，每个人都面临一定的压力、紧张情绪，甚至在学习、工作中遇到挫折、失败。如果通过消费能够获得一种缓解与减压，能够从消费中获得一种欣喜、愉快，甚至找到一种力量，无疑会让消费者获得意想不到的收益和更大的价值。"萌经济"下各种各样的"萌商品"正是具有这种力量。

"萌经济"反映了当前消费者的"求美""求新""从众""有趣""求异"等心理现象，"萌经济"下的各种商品成为消费者抵御外界压力的情感寄托，使消费者能获得有趣、陪伴、安全的体验。而这种体验也顺应了"体验经济"潮流，消费者的每一次消费都是对产品和服务的一次"角色体验"，让消费者在心理层面获得一种认同感、满足感。

同时，"萌经济"的产生也反映了企业更加注重消费者心理需求的变动趋势，试图通过产品的设计造型来打动消费者，进而影响消费者的购买。

另外，老师可以从商品拟人化、社会归属感、补偿心理等角度进行分析；还可以分析，"萌经济"中萌物的流行如何反映了经济高速发展的当代社会个人安全感与精神力量的缺失。

2. "萌经济"如何拉近了消费者和品牌的心理距离？

"萌经济"通过可爱的形象引起人们的保护欲，拉近了消费者和品牌的心理距离。另外，企业借助"萌经济"塑造了独特的品牌形象，提升了消费者的消费体验和品牌黏性，从而使品牌获得消费者的认可和喜爱。

第三节　课堂讨论案例

案例1.2　"猫爪杯"的热度

一、案例内容

为了它凌晨排队、为了它高价购买、为了它甚至引发纠纷！这个它其实是星巴克推出的一款猫爪造型的玻璃杯。

2019年2月26日，星巴克线下门店限量发售"猫爪杯"。按照星巴克的计划，2月26日至2月28日，每天上午10点限量销售500个"猫爪杯"。发售当天，已有人搭起帐篷彻夜苦守，有人在星巴克门店前苦苦排队几小时……你以为这样就能买到了吗？不！一家星巴克门店可能仅有几个"猫爪杯"，就算你排队几小时甚至熬夜苦守，到头来也只能失望而归。

实际上，早在发售前两日，星巴克"猫爪杯"发售、杯身独特设计等相关消息已在微信、微博、抖音等平台传播开来，甚至在抖音平台上，"猫爪杯"在发售前已成为大家追捧的"网红杯"。因此，这款早已在网络上走红的杯子毫无意外地受到众人的青睐。价格从最初的199元炒到700—1000元，即使有人愿意以3倍的价格购买，仍一杯难求。随后，有人在微博上传了两人为争夺"猫爪杯"在星巴克店内大打出手的视频。网友感叹："这不是杯子，这是'圣杯之战'，是败者的鲜血，是胜者的奖杯。"之后，星巴克不得不调整销售方案，但消费者想购买到这款杯子依旧十分困难。

为什么"猫爪杯"被抢购？正是因为其贴合了消费者心理。乍一看，这款"猫爪杯"拥有粉嫩的外表，以樱花点缀，可爱还非常有"少女心"。奇妙的是玻璃杯内壁为猫爪造型，当把牛奶或椰汁倒入杯子内，它立马呈现出一只肉嘟嘟的悬空猫爪,这个肉爪粉嫩有光泽,真是又萌又有趣。而且,星巴克限量销售让本来就抢手的"猫爪杯"显得更加珍贵。

无论是"一杯难求",还是"圣杯之战",这些调侃验证了"猫爪杯"的火爆和消费者对它的喜爱。

二、案例思考题

1. 为什么"猫爪杯"受到热捧?这反映了消费者怎样的消费心理?
2. 星巴克为什么推出"猫爪杯"?你如何评价"猫爪杯"事件?

三、案例讨论提示

1. 为什么"猫爪杯"受到热捧?这反映了消费者怎样的消费心理?

第一,"猫爪杯"本身设计独特,颜值较高,又融合了许多消费者喜爱的"爆款因素",如猫爪造型、樱花等;第二,星巴克的售前营销做得很好,在多个宣传平台上推广产品,引起大众的好奇心,使得该产品成为"网红杯",为产品造势;第三,星巴克本身就有品牌力量,代表着都市时尚的品牌,每款产品的出现都自带流量,受到人们追捧,满足了年轻人对美好生活的幻想;第四,消费者之间的传播也让"猫爪杯"更为火爆,消费者为了争夺"猫爪杯"甚至大打出手,视频被传播到网络上让许多原来不了解这款杯子的消费者也知道了"猫爪杯"的存在,为"猫爪杯"的广泛传播添了一把火;第五,星巴克每天限量发售 500 个的饥饿营销方式加上"猫爪杯"为该季度限量发售让本来就珍贵的"猫爪杯"更为抢手。

另外,"猫爪杯"受到热捧,也与社会环境有关。近几年,养猫成为越来越多年轻人的选择。同时,猫有着与生俱来的自由和慵懒,这种特点在社会压力逐渐增大的背景下备受大众向往,因此,与猫有关的产品设计或衍生产品等受到大众的欢迎。

"猫爪杯"在消费者心中不只是一件产品,而是由于消费者的求异心理(希望得到与众不同的产品)、从众心理(看到周围人都有"猫爪杯",自己也希望有一个）、攀比心理（希望能比别人更快得到"猫爪杯"或成为较少拥有"猫爪杯"的人）等，正是这些心理作用引起了受众对其的热烈追捧。除此之外，"猫爪杯"似乎也可以作为某种身份象征的众多外在代表物中的一种。比如，当"我"在朋友圈晒出星巴克的新品"猫爪杯"，这传递出一些信号："我"有情调，享受着不同于街头寻常茶馆或大排档的休闲方式，"我"的身上贴着优雅生活的标签。"我"不是一般的人，"我"能获得别人不易得到的东西等。另外，"猫爪杯"或许也表达了年轻人的"求关注、求关爱、求表达"的心理特点。

2. 星巴克为什么推出"猫爪杯"？你如何评价"猫爪杯"事件？

第一，作为营销手段的一种，星巴克在不同的季度都会推出不同的纪念款产品限量发售，比如，端午节的"星冰粽"、中秋节的"女神月饼"等，各种限量款或联名款的杯子是星巴克经常推出的重点引流型产品，"猫爪杯"是其中之一。第二，杯子作为消费者生活中经常用到的产品，消费者可以经常看到，从而使品牌文化深入人心。杯子上印刷的 Logo、品牌文化、"猫爪杯"独特的设计等可以更好宣传品牌。第三，通过"猫爪杯"的相关报道，不仅促进杯子的销售，而且增加了星巴克主营产品咖啡之外的收入，构建了包括主营产品、周边产品和季节产品等丰富的产品结构。第四，星巴克利用了"鸟笼效应"，即人们会在偶然获得一件物品后，会继续购买更多与之相关的东西，通过"猫爪杯"吸引消费者购买，看到"猫爪杯"后消费者就会想到星巴克咖啡和其他产品，进而不断地购买。

总体来看，"猫爪杯"的营销无疑是成功的，直到今天，人们提起"猫爪杯"，第一时间还是会想到"星巴克咖啡"。或许，到目前为止，星巴克后续的杯子产品还难以复制"猫爪杯"的成功。但与"猫爪杯"相关的"大打出手"事件也给"猫爪杯"带来了一定的负面影响，以至于在一段时间内购买该产品成为一种不理性的表现，对后期其他产品的销售造成影响；"猫爪杯"销售后期"黄牛"盛行使很大一部分消费者购买不到产品，也造成了价格虚高；网上售卖的伪造产品层出不穷，星巴克并未对此做出有力的制止措施，使星巴克"猫爪杯"并不像之前一样具有身份象征与独特性，也影响了星巴克的品牌形象。

因此,"猫爪杯"事件可以为品牌营销提供一种借鉴,要注意实施过程中对活动的组织和管理。同时,消费者更要理性地进行消费,不盲目进入"消费主义陷阱"。

【实训任务】面包店消费者行为调研

◆ 1. 实训目的

选择学校或家附近的一家面包店进行市场调研,通过观察消费者行为表现以及与消费者或销售人员的访谈,了解该面包店的经营状况、消费者特征,提出相应建议,为面包店开发产品、市场定位和市场推广提供参考。

◆ 2. 实训要求

根据调研具体安排,回答以下问题。

◎面包店所在城市、选址位置、经营面积。

◎面包店的店名、装修风格、市场定位。

◎面包店经营的产品品类(面包/糕点/饮品)。

◎进入面包店的消费者性别?男性多还是女性多?

◎进入面包店的消费者主要年龄段?

◎记录消费者进入面包店后行走的路线。

◎记录消费者停留在店内的时间及购买的面包产品。

◎观察进店消费者和实际购买者的比例。

◎选取个别消费者进行访谈调研,了解其购买面包的目的、品种、数量、价格和支付方式等。

◎总结该面包店消费者的行为特征及表现,提出对面包店经营的建议。

第二章

消费者心理活动过程

本章导读

我们知道，想要理解消费者的行为，理解其"所思所想"不仅必要，而且必须。那么，消费者的心理活动是如何产生的？

本章学习有关解释消费者心理活动的概念，例如，注意、感觉、知觉、记忆、想象、思维、情绪、情感、意志等。以上这些概念我们并不陌生，甚至会挂在嘴边，例如，今天我感觉很冷……在心理学研究中对以上概念的理解不只是表面的意思，事实上，对心理学的学习就是从这些概念切入的。

本章案例"我是江小白"讲述了江小白采用一系列方法丰富品牌内容、让消费者产生共鸣。案例"传情圣物——哈根达斯"是情感营销的典范，在消费中唤醒、激发人的情感以及通过消费来抒情十分重要。毕竟，赋予消费的对象某种情感，可以实现和消费者更紧密的连接。当然，消费者并不总是那么容易被"忽悠"，从记忆库中进行对比分析、恰当地运用联想、进行理性思考是更聪明的消费者。

第一节 理论知识要点

一、感觉与知觉

(一) 感觉及其特征

1. 感觉的概念

感觉是消费者产生心理活动和行为活动的基础心理，是人脑对直接作用于感觉器官的各种客观事物个别属性的反映。消费者通过眼、耳、鼻、舌、身等感官来感觉消费的对象，从而产生视觉、听觉、嗅觉、味觉和触觉等。

2. 感觉的特征

（1）感受性

感受性是指感觉器官对刺激物的强度及其变化的感受能力。感受性通常用感觉阈限的大小来衡量。

（2）适应性

适应性是指随着刺激物持续作用时间的延长，而使感受性发生变化的现象。

（3）对比性

对比性是指同一感官因同时接收两种刺激或先后接收两种刺激，感觉的强度和性质发生变化的现象。

（4）联觉性

联觉性是指一种感觉引起另一种感觉的心理过程。

(二) 知觉及其特征

1. 知觉的概念

知觉是人脑对直接作用于感觉器官的客观事物的整体反映。知觉的形成决定了消费者对商品信息的理解和接受程度，而知觉的正误偏差制约着消费者对商品的选择比较。

2. 知觉的特征

（1）选择性

选择性是指人们从可能会接收的各种刺激信号中有选择地进行接收、加工和理解。

（2）整体性

整体性是指人们根据自己的知识经验把直接作用于感官的不完备的刺激整合成完备而统一的整体，以便全面、整体地把握该事物。

（3）理解性

理解性是指人们在识别事物的过程中，不仅知觉到对象的某些外部特征，而且还可以利用自身的知识经验对知觉的对象按自己的意图作出解释，并赋予其一定的意义。

（4）恒常性

恒常性是当知觉的客观条件在一定范围内发生了变化，被感知对象的映像却在相当程度上保持着它的稳定性，这种现象就称作知觉的恒常性。

二、记忆、想象与思维

（一）记忆

记忆是人脑对感知过的事物、思考过的问题、体验过的情绪或做过的动作的反映。

1. 记忆的类型

（1）形象记忆

（2）逻辑记忆

（3）情绪记忆

（4）运动记忆

2. 遗忘

遗忘是和记忆相反的心理过程，是指对识记过的事物不能再认或回忆，或者表现为错误的再认或回忆。艾宾浩斯遗忘曲线表现了遗忘的规律特征。

(二) 想象

1. 想象的概念

想象是人的大脑对记忆所提供的材料进行加工，从而产生新的形象的心理过程。

2. 想象的分类

（1）无意想象

（2）有意想象

(三) 思维

1. 思维的概念

思维是人脑对事物的一般属性和事物内在联系间接、概括的反映，是心理活动过程的高级阶段。

2. 思维特点

（1）独立性

（2）灵活性

（3）敏捷性

（4）创造性

3. 思维过程

（1）分析过程

（2）比较过程

（3）评价过程

三、情绪、情感与意志

(一) 情绪

1. 情绪的概念

情绪是指个体对客观事物的态度体验。

情绪具有独特的主观体验形式（如喜怒哀乐等）、外部表现形式（如面部表情或肢体动作）和较为复杂的神经生理过程。

情绪表现的形式一般是比较短暂和不稳定的，具有较大的情境性和冲动性。

2.影响消费者情绪变化的因素

（1）购物环境

（2）商品特性

（3）消费者自身因素

（二）情感

情感是个体在长期的社会实践中，受到客观事物的反复刺激而形成的心理体验，与情绪相比，具有较强的稳定性和深刻性。

（三）意志

1.意志的定义

意志是人自觉地确定目的，并根据目的调节、支配自身的行动，克服困难，去实现预定目标的心理倾向。意志对行为有发动、坚持和制止、改变等方面的控制调节作用。

2.意志的品质特征

（1）自觉性

（2）果断性

（3）坚韧性

（4）自制力

第二节 教学引导案例

案例 2.1 我是江小白

一、案例内容

江小白是谁？这是一个品牌的名字吗？的确是，而且还是一个酒品牌的名字。这是一个 2011 年才成立的新品牌，是重庆江小白酒业有限公司旗下企业江记酒庄酿造生产的一种自然发酵并蒸馏的高粱酒。江小白这个独特名字据说是源于"江边酿造，小曲白酒"一句话，江小白以此得名。而且，"小白"在当下社会语境中也有菜鸟、新手的意思，也是年轻人自谦的一种表达，这与品牌消费者的特征不谋而合，而且产品名字简单通俗、一听就能记住。江小白还为自己代言——他是一个长着大众脸，鼻梁上架着无镜片黑框眼镜，有时系着英伦风格的黑白格子围巾，身穿休闲西装的帅气小男生。江小白还有鲜明的个性：时尚、简单、我行我素，善于卖萌、自嘲，却有着一颗文艺的心。这个卡通人物还有一句常挂嘴边的口号——"我是江小白，生活很简单"。

江小白品牌提倡一种积极时尚的价值观，面对的是有情怀、追求简单、绿色、环保的当代新青年群体，他们简单生活，做人、做事追求纯粹，标榜"我就是我"，自信且谦逊。这个有态度、有主张，还朗朗上口、容易记忆的品牌很快就让消费者记住并喜欢了。因为江小白的形象和年轻人一样，有些文艺，敢于奋斗，具有不服输的心理。后来，江小白还出品了动漫，名为《我是江小白》，通过动漫的方式演绎无疑也是最受年轻人喜欢和追捧的，再加上那些有创意的广告文案，戳中了年轻人内心的情感。

当下，"我是江小白"这个品牌 slogan，已然成为都市年轻群体的集体宣言。因"我是江小白"个性鲜明,富于时代感和文艺气息,颇受青春群体的热捧和喜爱。随着时代的变化和更多年轻群体的加入,"我是江小白"所反映的青春含义也越发丰富,逐渐被赋予"简单纯粹""文艺青年改变世界""寻找真我""消除互联网隔阂"等新的时代含义。

二、案例思考题

1. 你是否喜欢江小白这个名字?这个名字对消费者的记忆和想象可能产生什么样的感知反应?

2. 江小白用什么方法创造品牌故事、丰富品牌内容?为什么这种方法能让消费者产生共鸣?

三、案例分析提示

1. 你是否喜欢江小白这个名字?这个名字对消费者的记忆和想象可能产生什么样的感知反应?

本题是一个开放性问题,个人可结合自己的观点说明理由即可。例如,回答喜欢,分析如下:

首先,江小白这个名字很特别,好像不是一个酒的名字,显得与众不同。和其他传统牌子的白酒相比,江小白这个名字新颖、别致,让看到的人产生一种联想,好像遇到了一个老朋友,有一种亲近感。

其次,江小白这个名字很简单,朗朗上口,从记忆的心理效应来看,品牌容易让人记住。

再次,江小白这个名字在消费者心中可能会产生时尚、简单、我行我素的心理印象。根据案例描述,江小白善于卖萌、自嘲、拥有一颗文艺的心等,更是直接抓住了年轻人的心理,更能引起年轻人生活上的共鸣。

最后,江小白名字简单,容易传播,更容易让人联想到品牌的定位应该是朴实的,对其预期的价格不会太高,对品牌开发市场有利。

2. 江小白用什么方法创造品牌故事、丰富品牌内容?为什么这种方法能让消费者产生共鸣?

第一，江小白设计了自己的代言卡通人物，这个形象更贴近现实中的年轻人，有助于引起其共鸣。江小白还设计了朗朗上口的口号"我是江小白，生活很简单"。往往简单、易记的宣传语更容易在消费者间传播。

第二，在包装上，江小白也抛弃了传统的酒类产品风格，采用磨砂瓶身，主打蓝白色调，在瓶体上印着个性化的江小白语录："吃着火锅唱着歌，喝着小白划着拳，我是文艺小青年""有的时候，我们说错话，我们做错事，是因为受了江小白的诱惑"……经典语句层出不穷。这些观念与现代年轻人的内心向往是相符的。

第三，推出动漫《我是江小白》来抓住年轻消费者的心。在所有酒类品牌都在为了吸引中年消费者而费尽心机时，江小白另辟蹊径选择了一条消费潜力巨大的年轻化路径。

江小白选择用这种方式传播品牌，最根本的原因是选择了与其他品牌不同的消费者，并借助相应的故事提倡了一种积极时尚的价值观，同当代年轻人的价值观相符合，戳中了年轻人的内心。宣传语朗朗上口、容易记忆，加上以动漫的形式在年轻群体中流行，容易受到年轻人的喜欢。

除此之外，江小白象征着简单、纯洁的青春。这在校园剧《独家记忆》中有所体现。不管是高档餐厅，还是路边大排档，凡是吃饭喝酒的场景，江小白几乎都会出现在画面里。果断地追求自己喜欢的人，年轻人敢爱敢恨的性格等与江小白打造的顺口、清淡、纯净的轻口味酒风格非常契合。

总之，江小白通过其独特的名字打开市场，其传播方法新颖，容易打动年轻消费者，但通过该种方式的传播和营销策略，市场能否长久还有待商榷。例如，有资料显示，随着我国消费者对白酒味道、品质要求的提高，国内白酒行业也进入了深度调整阶段，江小白虽然通过独特的营销策略收获了一批消费者，但其市场是否稳定、能否保持增长态势以及如何建立品牌的核心竞争力方面还需要精耕细作。

第三节　课堂讨论案例

案例 2.2　传情圣物——哈根达斯

一、案例内容

在营造爱情神话的品牌中，哈根达斯（Häagen-Dazs）冰激凌成为不可复制的标杆。20世纪80年代，哈根达斯在欧美市场大获成功，除了对"尊贵""罕有"品牌气质的强调，与浪漫爱情的关联成为其成功的关键因素。哈根达斯为冰激凌甜蜜香滑的口感赋予了各种带有浓情意味的象征——情人的亲吻、指尖的缠绕、绵长温柔的拥抱……1996年，哈根达斯进入中国，选择在大城市的繁华地段开店。围绕着情人品牌形象与尊贵冰品的定位，哈根达斯成为幽雅、情趣、甜蜜的代表，契合了情人间"我在你眼中独一无二"的情感需求，"爱她，就带她吃哈根达斯"的广告语更是吸引了热恋中的男女。

同时，哈根达斯从最初的"爱她，就带她吃哈根达斯"到后来在广告语中强调爱情中的"归属感"，意味着哈根达斯所传递的"情人之爱"的品牌内涵正在不断升华。

二、案例思考题

1. 分析哈根达斯如何成为"传情圣物"？
2. 哈根达斯满足了消费者哪些情感需求？能带给消费者怎样的体验？

三、案例讨论提示

1. 分析哈根达斯如何成为"传情圣物"？

首先,哈根达斯品牌形象与浪漫爱情相关联,哈根达斯冰激凌甜蜜香滑的口感带有浓情蜜意的象征,在品尝哈根达斯时宛如在感受情人的轻吻、指尖的缠绕、绵长温柔的拥抱,同时哈根达斯"神秘、矜持、高贵、罕有"的品牌气质,契合了情人眼中"你是独一无二"的情感需求。其次,走高端奢华路线的哈根达斯,广告宣传风格时尚、引领潮流,满足人们对时尚品位的需求。尤其是哈根达斯宣传的广告语中,"爱她,就请她吃哈根达斯"对归属感的强调、"慢慢融化"对沉醉的彰显、"一起融化"对分享的传达,无一不是在注重爱情的意味。因此哈根达斯成为"传情圣物",满足热恋情侣和怀有恋爱幻想的消费者对甜蜜爱情的情感需求。最后,哈根达斯"尊贵"的品牌气质、较高的价格搭配良好的口感和繁华的环境,让人们感觉物有所值,满足了人们对优质生活、高品位的需求。

2.哈根达斯满足了消费者哪些情感需求?能带给消费者怎样的体验?

从市场定位来看,哈根达斯定位高端消费群体,满足该群体对高品质、尊贵身份的追求;哈根达斯的时尚形象深入人心,能满足人们对时尚生活的追求;哈根达斯与甜蜜爱情的连接,让许多热恋情侣愿意为之买单。除此之外,哈根达斯的店铺位于繁华地段,整体环境幽雅,销售人员服务周到,给予消费者愉快、舒畅的消费体验;哈根达斯冰激凌与甜蜜爱情相连,具有美好寓意,能够满足消费者追求甜蜜热恋的心理,其甜蜜香滑的口感更是让消费者对爱情有进一步想象的余地,给消费者积极的消费体验。

【实训任务】品牌对消费者的影响调研

◆ 1.实训目的

通过调查能够让消费者记住的品牌,发现这些品牌的特征,分析品牌使消费者产生记忆和情感心理效应的影响因素,总结其中的规律,为品牌营销提供思路。

◆ 2. 实训内容

调查你周围的 10 个人，在限定时间内请其说出能记住的品牌名字，统计这些品牌的数量、品牌名称及标志、品牌来源、品牌定位等。访谈被调查者为什么能记住这些品牌，有哪些与该品牌相关的消费经历，被调查者对品牌的满意度、忠诚度等。由此，总结品牌的哪些特征（外观设计／质量／包装／价格／性能／国别／）对消费者的记忆、情感和购买产生影响。

第三章

消费者个性心理特征

本章导读

有哲人说:"世界上没有两片完全相同的树叶。"当然,更没有完全相同的两个人。作为消费市场中的一员,每一个消费者都是独特的,都有自己的心理特点,这些独特的心理特点构成了该消费者不同于他人的心理面貌。那么,消费者之间的心理差异表现在哪些方面?这又是如何形成的?

本章学习构成消费者个性心理特征的气质、性格、能力等概念,学习性格的理论以及不同类型消费者性格的表现特征,并了解一个消费者具备的能力是怎样形成和发展的。

学习本章案例"个性十足的ONLY""与众不同的无印良品"后,你会感悟,原来消费中的挑挑拣拣是你在寻找与你的个性合拍的产品或服务。

第一节 理论知识要点

一、气质

(一) 气质的概念

气质是指一个人在心理活动和行为方式上表现的强度、速度、稳定性、灵活性等动力方面的心理特点。

(二) 气质学说与类型

1. 体液说

(1) 多血质

(2) 胆汁质

(3) 黏液质

(4) 抑郁质

2. 高级神经类型说

(1) 兴奋型

(2) 活泼型

(3) 安静型

(4) 抑制型

3. 体型说

4. 血型说

二、性格

(一) 性格的概念

性格指一个人对现实的态度以及与这种态度相应的、习惯性行为方式中表现出来的人格特征。

(二) 性格的基本特征

1. 性格的态度特征

指个人对现实的态度的倾向性特征，即如何处理社会各方面关系的性格特征。

2. 性格的意志特征

指个人自觉控制自己的行为及行为努力程度方面的特征。

3. 性格的情绪特征

指个人受情绪影响或控制情绪程度的特点。

4. 性格的认知特征

指认知心理过程中个体有差异的性格特征。

(三) 性格类型主要理论

1. 荣格的人格类型说

2. MBTI 人格理论

3. 斯普兰格性格理论

（1）理论型

（2）经济型

（3）审美型

（4）社会型

（5）权力型

（6）宗教型

4. 卡特尔 16PF 测试理论

5. 五大人格理论

（1）开放性

（2）尽责性

（3）外向性

（4）宜人性

（5）神经质

6. 九型人格理论

（1）完美型

（2）助人型

（3）成就型

（4）艺术自我型

（5）智慧思想型

（6）忠诚型

（7）活跃开朗型

（8）领袖能力型

（9）和平和谐型

（四）消费者性格类型

1. 根据消费态度划分

（1）节俭型

（2）自由型

（3）保守型

（4）傲慢型

（5）顺应型

2. 根据购买方式划分

（1）习惯型

（2）慎重型

（3）挑剔型

（4）被动型

三、能力

（一）消费能力的形成

进行任何一项社会活动，都需要一定的能力保证，才能使人顺利地完成预期的目标。消费者完成消费行为同样需要一些能力来保证。消费者的能力并不是从一出生就具备，而是在后天的成长中逐渐产生、发展起来的。

1. 对消费者的教育与培养

2. 消费者个人的消费实践

（二）消费能力的内容

1. 对商品的感知辨别能力

2. 对商品的分析评价能力

3. 选购商品时的决策能力

4. 对消费利益的自我保护能力

（三）消费能力的差异

1. 成熟型

2. 熟练型

3. 普通型

4. 缺乏型

第二节　教学引导案例

案例 3.1　个性十足的 ONLY

一、案例内容

ONLY 是丹麦著名的国际时装公司 BESTSELLER 拥有的众多品牌之一。2000 年在 ONLY 的发展史上具有里程碑意义。在这一年，ONLY 首次在店铺中引进"快时尚"的定义，以保证其款式始终引领潮流，这一概念流行至今，并使 ONLY 成为众多欧洲时尚品牌的领跑者。2020 年，在"双十一"天猫女装行业品牌热销榜中，ONLY 名列第六名。

ONLY 定位于 22—35 岁的年轻女性，她们代表着活力以及有趣的生活方式，充满动感，带有浓厚的时代气息。在给消费者带来世界流行时尚的同时，ONLY 也带来了精致的品质和服务。调查结果显示，ONLY 的消费群体充满激情、拥有独特的个性，是生活在世界各大都市中独立、自由、追求时尚和品质的现代女性。

ONLY 的品牌风格与众不同、富有激情并充满生机。三个系列产品为每一位女性发现自我和表达自我提供了多种可能。EDGE 是 ONLY 的高端系列，这是一个散发强烈个性态度的时尚系列，它专为那些精致又不失个性的女性定制：才华出众、摩登、独立。TRUE 是 ONLY 的街头系列，这是一个将女性独立个性与中性潮流元素混搭的时尚系列，它为那些时刻忠于自我的女性而生：赞美野性真实、崇尚自由、敢于表达。LOVE 是 ONLY 的都市系列，这是一个诠释女性细腻情感和精致品位的时尚系列，它为那些拥抱浪漫主义的女性而生：赞美充满诗意的生活、经常制造出其不意的惊喜，喜欢传递俏皮的爱意。

二、案例思考题

1.ONLY 品牌吸引了具有哪些个性特征的消费者？思考一个品牌的个性特征与其消费者的个性特征有什么联系。

2.根据案例，结合本章学习，你认为一个品牌该如何表达其个性特征？

三、案例分析提示

1.ONLY 品牌吸引了具有哪些个性特征的消费者？思考一个品牌的个性特征与其消费者的个性特征有什么联系。

ONLY 品牌吸引了具有独立自主、追求自由、忠于自我、拥有浪漫主义情怀、追求时尚和品质生活等个性特征的消费者，她们是充满动感、带有浓厚时代气息、追求时尚和品质以及通过服饰表现自我的年轻都市女性。

一个品牌的个性特征与其消费者的个性特征具有相似性。通过强烈的情感效应，品牌个性可以加强品牌与其目标消费群体的联系。这种效应来自情绪感召力的拉动作用。因此，一个品牌只会吸引具有与其相同或相近个性特征的消费者群体。具有不同个性特征的消费者如果不对该品牌的个性特征产生认同感，很少会对其产生兴趣。

2.根据案例，结合本章学习，你认为一个品牌该如何表达其个性特征？

表达品牌的个性特征，可以从产品设计、包装设计、店面陈列、品牌理念、宣传语等多方面入手。例如，本案例中，ONLY 为表达其不同的个性特征，分别设计了三个系列服装，即 EDGE 系列的设计精致而不失特色，从而表示其具有强烈个性态度的个性特征；TRUE 系列的设计风格是街头风，用以展示其独立与忠于自我的个性特征；LOVE 系列的设计风格为浪漫主义风格，用以表达其情感细腻、品位精致的个性特征。由此可见，不同风格的产品设计，可以反映出一个品牌的个性特征。除此之外，一个品牌的产品包装设计和店面装修陈列，也可以体现出其品牌的个性特征。

第三节　课堂讨论案例

案例 3.2　与众不同的无印良品

一、案例内容

1980年，世界经济增长陷入低迷，日本也经历了严重的能源危机。当时的消费者不仅要求商品有好的品质，也希望价格优惠。在这种情况下，木内正夫创办了无印良品这家公司。当年无印良品意为"没有名字的优良商品"，向市场推出了第一批无品牌产品，主要包括服装、生活杂货、食品等。这些产品包装简洁，降低了成本，使用的口号是"物有所值"。

1983年，无印良品在东京青山开设了第一家旗舰店。由于受到消费者的广泛肯定，几年内在日本就有了无印良品的上百家专卖店。1991年，无印良品在伦敦开设了它的第一家海外专卖店，此后陆续进入法国、瑞典、意大利、挪威、爱尔兰等国家，2005年8月，无印良品在中国大陆的第一家专卖店在上海正式开业。

无印良品的最大特点是极简。它的产品拿掉了商标，省去了不必要的设计，去除了一切不必要的加工和颜色，简单到只剩下素材和功能本身。除了店面招牌和纸袋上的标志外，顾客很难在无印良品的商品上找到其品牌标记。在无印良品专卖店里，除了红色的"MUJI"方框，顾客几乎看不到任何鲜艳的颜色，大多数产品的主色调都是白色、米色、蓝色或黑色。

在商品开发中，无印良品对设计、原材料、价格都制定了严格的规定。例如服装类要严格遵守无花纹、格纹、条纹等设计原则，颜色上只使用黑白相间、褐色、蓝色等，无论当年的流行色多么受欢迎，也绝不超出设计原则去开发商品。

为了环保和消费者健康，无印良品规定有许多材料不得被使用，如PVC、特氟隆、甜菊、山梨酸等。在包装上，其样式也多采用透明和半透明，尽量从简。由于对环保再生材料的重视和将包装简化到最基本状态，无印良品也赢得了环境保护主义者的拥护。此外，无印良品从不进行商业广告宣传，就如木内正夫所说："我们在产品设计上吸取了顶尖设计师的想法以及前卫的概念，这就起到了优秀广告的作用。我们生产的产品被不同消费群体所接受，这也为我们起到了宣传作用。"

有人认为，与其说无印良品是一个品牌，不如说它是一种生活的哲学。它不强调所谓的流行，而是以平实的价格还原了商品的真实价值，并在似有若无的设计中，将产品升华至文化层面。

如今，无印良品的全球门店数量超过了700家，商品种类也遍及服装、生活杂货、食品乃至家居领域，超过了7000种。

二、案例思考题

1.无印良品满足了消费者怎样的心理需求？反映了消费者怎样的消费个性？

2.根据以上案例，无印良品的品牌个性如何与众不同？为什么说无印良品不仅是一个品牌，更是一种生活哲学？

三、案例讨论提示

1.无印良品满足了消费者怎样的心理需求？反映了消费者怎样的消费个性？

首先，无印良品满足了消费者购买物美价廉商品的心理需求。无印良品的商品全部从简，减少了商标、舍弃了精美的包装、免去了对于商品的过多加工（比如标新立异的样式和五彩斑斓的颜色），一方面降低了商品的价格，另一方面使无印良品更加重视商品的质量，使无印良品的商品具有物美价廉的优点。

其次，满足了消费者以简洁为美的求美心理。无论当年的流行色是什么，无印良品统一以黑白相间、褐色、蓝色等极其简单的颜色为标准,从未改变,一方面满足了部分消费者的求美心理,另一方面也满足了保守型消费者的求安心理。

从无印良品的消费者类型来看,第一种消费者大多数是节俭型消费者,讲求实用,不追求外观是他们的特点,还有一部分是保守型消费者,对于新商品有所抵制,更加推崇传统商品,而从简、追求传统的无印良品也迎合了具有这些消费个性的顾客;第二种消费者属于推崇极简主义的自由型消费者,有低调不张扬的消费理念,但又注重商品的外观美感。

2. 根据以上案例,无印良品的品牌个性如何与众不同?为什么说无印良品不仅是一个品牌,更是一种生活哲学?

无印良品以简朴的日式混搭现代风格,还原出最舒适的家居环境。无印良品向消费者传达了品牌对于生活的态度,一切从简,不特地追求华丽的外表,强调实用性。人们慢慢把其品牌理念转换成了生活态度,认为购买此品牌的商品就意味着节俭。该品牌也利用独特的品牌理念影响了市场,无印良品成为简洁生活的代名词,而简洁的生活就代表了一种生活态度。这种闲适写意、悠然自得的生活境界,也许就是我们现代人所追求的简约,所以说无印良品不仅是一个品牌,更是一种生活哲学。

【实训任务】"服装与个性"的消费调查

◆ 1. 实训目的

通过调查,了解人们的着装特点和其个性的关联,发现影响消费者着装选择的心理原因,了解个性对消费者购买服装的影响,为服装品牌进行市场细分、产品设计和营销推广提供建议和思路。

图 3-1　某店铺陈列的服装

◆ 2. 实训内容

对所在班级的同学进行问卷调查，了解同学们对服装的选择倾向与自己个性的关系。问卷设计可以参考以下问题。

◎选购服装时，你通常会考虑哪些因素？（舒适度／适合场合／款式）

◎购买服装时，你是否会考虑该服装与自己个性的契合程度？（是／否）

◎当你喜欢一件服装时，通常出于哪些原因？（颜色／款式／品牌／价格）

◎当你感到焦虑或情绪低落时，是否会选择不同于自己日常风格的服装来改善情绪？（是／否）

◎你是否会受到朋友、家人及社交媒体等因素影响而选择某些服装？（是／否）

◎选购衣服时，你是更注重品牌还是服装本身的质量？（是／否）

◎是否有服装款式或颜色与你的个性特点匹配？如果有，请描述一下。（是／否）

◎你是否喜欢在某些特殊场合选择和自己个性不同的服装，例如聚会、面

试等？（是/否）

◎是否因别人对你穿着的看法而改变自己的着装？如果有，你会考虑到什么程度？

◎你认为服装和个性之间存在着怎样的关系？

第四章

消费者个性心理倾向

本章导读

消费活动中，不同消费者会做出不同的选择，展现出不一样的行为表现，这与其个性心理倾向有关，所谓"萝卜白菜，各有所爱"。一般来说，个性倾向是推动消费者进行行为活动的动力系统，是个性结构中最活跃的因素，它决定着消费者对周围世界的认知和态度，决定消费者追求的目标和方向。

本章学习需要、动机、态度等个性倾向要素，了解需要、动机、态度的相关理论，学习消费者需要、动机的特征，了解动机冲突对消费者的影响。态度在消费者行为中也发挥着重要的作用，因为态度往往激发消费者产生和态度一致的方式和行为，还需要明白，一个人态度的形成往往是后天学习的结果，消费者的态度一旦形成，要想改变并不容易。

消费者的需求在变化中也为企业提供了新的机会，就如案例"母婴市场中的'辣妈'"，这些辣妈的新需求创造了巨大的母婴市场。案例"学习'宜家'好榜样"中，宜家通过营造轻松自在的购物氛围和真实的使用场景，赢得消费者的认可，吸引消费者购买。

第一节　理论知识要点

一、需要

（一）需要的产生

需要是个体感到某种缺乏而力求获得满足的心理倾向，是内外环境的客观要求在头脑中的反映。需要的产生有两个条件。一是不足之感，即人感到生理上和心理上的某种缺乏。二是求足之愿，即个人产生追求满足的欲望。

（二）需要的分类

1. 根据需要的形态划分

（1）现实需要

（2）潜在需要

（3）退却需要

（4）不规则需要

（5）充分需要

（6）过度需要

（7）否定需要

（8）无益需要

（9）无需要

2. 根据需要的起源划分

（1）生理需要

（2）心理需要

3. 根据需要的内容划分

（1）物质需要

（2）精神需要

4. 根据需要的层次划分

（1）生理的需要

（2）安全的需要

（3）爱与归属的需要

（4）尊重的需要

（5）自我实现的需要

5. 根据需要的形式划分

（1）生存需要

（2）享受需要

（3）发展需要

（三）需要的特征

1. 多样性

2. 层次性

3. 发展性

4. 周期性

5. 伸缩性

6. 可诱导性

二、动机

（一）动机的形成

1. 购买动机的概念

动机是引发和维持个体行为并指向一定目标的心理动力，是一种内在的驱动力量。

购买动机是指消费者购买商品时的心理动力，是驱使消费者产生购买行为的内在原因。

2. 购买动机的形成条件

（1）必须以需要为基础

（2）要有相应的刺激条件

（3）具有满足需要的对象

（二）购买动机的分类

1. 一般购买动机

（1）生理购买动机

（2）心理购买动机

2. 具体购买动机

（1）求实购买动机

（2）求新购买动机

（3）求美购买动机

（4）求廉购买动机

（5）求名购买动机

（6）求便购买动机

（7）从众购买动机

（8）储备购买动机

（三）购买动机的特征

（1）启动性

（2）主导性

（3）内隐性

（4）方向性

（5）调节性

（6）冲突性

三、态度

（一）消费态度的概念

态度是指人们对事物所持有的肯定或否定、接近或回避、支持或反对的心理和行为的倾向。

消费态度是消费者评价消费对象的心理倾向,会导致消费者喜欢或讨厌、接近或远离特定的商品或服务。

(二) 消费态度的构成

1. 认知成分

2. 情感成分

3. 行为倾向

(三) 消费态度的功能

1. 效用功能

2. 自我防御功能

3. 知识功能

4. 价值表现功能

(四) 态度的形成理论

消费态度不是天生的,而是通过消费者后天的学习获得的。

1. 消费者学习的相关理论

(1) 经典条件反射理论

(2) 操作条件反射理论

(3) 认知学习理论

(4) 观察学习理论

2. 消费者学习的方法

(1) 模仿法

(2) 试误法

(3) 观察法

第二节 教学引导案例

案例 4.1 母婴市场中的"辣妈"

一、案例内容

2021年5月31日，我国三孩政策正式落地。中国人口出生率自2016年以来持续下降，2019年中国出生率跌至10.5‰。三孩政策将在一定程度上减缓生育率下跌的状况，有望使出生率企稳回升。伴随新生育高峰而来的便是"母婴市场"需求的繁荣，新生儿市场尤其是服装、鞋帽、奶粉、纸尿裤等婴儿用品增长迅猛。"二胎"或"三胎"背后的主力人群，是计划生育政策下的"独生子女"一代，他们成为母婴市场消费的主力军。

母婴用品是指为孕产期女性与0—3岁婴儿这两类特殊相关联群体提供的专业健康产品。随着二孩、三孩政策的开放以及消费升级趋势显现，我国母婴市场蕴藏着巨大的发展空间。在"互联网+"成为中国经济发展新引擎的背景下，母婴市场迎来新的转型契机，母婴产品的销售也从实体店转移到网上商店。目前，我国母婴电商交易平台可分为三大类：综合类、垂直类和社区类。其中，综合类平台包括：淘宝、天猫、京东、唯品会等；垂直类平台包括：贝贝、蜜芽、孩子王等；社区类平台包括：辣妈帮、年糕妈妈、母婴帮等。根据艾瑞在2021年春节期间的调研数据，当前受消费者青睐的电商平台主要是综合电商平台和垂直类电商平台，占比分别为36.4%和28.3%。互联网电商平台缩小了中国经济发展的地域性不均衡，偏远的、经济欠发达的五六线城市的多样性消费需求被充分激活。

1. 消费者的构成

从调查来看，由于母婴消费的特殊性，年轻的妈妈是购买母婴用品的绝对主力。这些"80后""90后"妈妈们大多接受过高等教育，文化层次相对较高。新时代的妈妈愿意把更多时间给孩子，并活跃在多个母婴交流圈，学习和接受当下最受追捧的育儿理念和产品，是新一代的"辣妈"。

2. 新的消费理念

由于母婴消费人群的主流是"80后""90后"。他们多是家中的独生子女，我行我素的理念在消费中也得以充分体现。这些年轻的"辣妈"们消费偏好更加个性化，如会把孩子的发型设计得和自己一模一样，把自己喜欢的图案也穿在孩子身上，或者把孩子装扮成自己喜欢的明星类型等。他们对千篇一律的工业化产品和文化天生无感，而对各种潮牌、潮流兴趣浓郁，因此，新的母婴消费需要多元化产品来满足不同的小群体的消费偏好。她们甚至会将自己的心得体会整理发布、分享给陌生人。

3. 消费产品的特点

过去婴幼儿产品的消费主要集中在婴幼儿用品类。但目前婴幼儿的父母们对益智类教育、玩具、运动、亲子游以及儿童摄影写真等的服务需求也不断上升。

4. 消费信息的渠道获取

年轻的妈妈成长于互联网和智能手机时代，习惯于线上购物和移动消费，对于婴幼儿类电商、婴幼儿类App的接受程度较高，这也是当下线上婴幼儿消费市场迅速发展壮大的背后原因。除了和自己的父母、朋友学习育儿经验外，很多妈妈从怀孕那天起，甚至从备孕开始，就在手机上安装了各种母婴App应用，并逐步形成了以育儿为基础，分享孕育经验、进行兴趣交流、活动交友、公益互助、专家问答等的社交模式。在满足用户兴趣圈社交的同时，向用户分享千万妈妈的真实孕育经验，以及育儿食谱、故事、儿歌等信息的获取。

5. 消费选择的权衡

母婴产品的核心用户群主要是0—12岁的婴童，安全性是父母们最为看重的因素。妈妈们在挑选母婴产品时很看重已购买用户留下的评论，而在购买达成后，则会在一定时间内持续购买，产品忠诚度较高。而评论专区，也形成了一个类似社交的交流平台，因为年轻妈妈们非常乐于交流分享育儿心得，在购买产品后也会发布各自的使用体会和经验。

另外，一些年轻父母倾向于从正规渠道、官网购买进口奶粉、辅食，对产品品质、安全性的要求很高。"试用和打折"是妈妈们最喜欢的促销方式之一。

6. 消费时间的选择

在移动互联网环境下，年轻妈妈们的消费行为会随着外部环境的变化而改变，在消费的时间方面呈现出显著的"碎片化"特征。例如，辣妈消费者们可以随身携带移动设备，随时随地进行消费行为，那么在起床前、上下班路上、工作间隙、入睡前等任何时间和任何地点，辣妈们可以快速进行浏览、比较选择、快速购买、社会化推荐、收藏等活动。因此，更多的消费行为是在"碎片"时间中完成，消费带有更多冲动性和非理性。

二、案例思考题

1. 作为母婴产品主要的购买者，年轻妈妈们的需求特征是什么？
2. 分析母婴产品需求的消费特点和购买动机，给相关企业提供了哪些机会。

三、案例分析提示

1. 作为母婴产品主要的购买者，年轻妈妈们的需求特征是什么？

母婴消费人群的主流是"80后""90后"。他们带来了母婴小众消费的崛起，社群时代产品的目标客户分类趋向精细化。新的母婴消费需要多元化产品来满足不同小群体的消费偏好。

母婴产品的安全性、健康性、质量和实用性是基础条件。不同生育状况的用户要注意的因素略有不同：第一胎用户更注重评估/口碑，第二胎/多胎用户更关注价格和实用性。

2. 分析母婴产品需求的消费特点和购买动机，给相关企业提供了哪些机会。

母婴用品市场的消费特点主要有以下几点：（1）消费是刚性需求，不会因为消费者收入的高低而有太大的波动；（2）消费者比较重视品牌、质量、舒适度等因素的影响；（3）消费一般集中在妇幼医院、妇婴用品商店等。母婴产品的关注特点和需求结构随着孩子的成长而改变，但宗旨永远是：为了孩子好。

以往婴幼儿产品的消费主要集中在婴幼儿用品类，并且主要以奶粉和纸尿裤为主。在经历了奶粉安全事件后，家长们对婴幼儿奶粉的产品质量提出了更高的要求，同时奶粉配方成分也是重要参考。含有特殊成分的特殊配方奶粉产品引起了更高的关注和购买欲望。由于单一辅食为婴幼儿成长提供的营养较固定有限，营养全面的多种辅食搭配以及营养品的补充逐渐成为年轻家长的选择。目前婴幼儿的父母们对于益智类教育、玩具、亲子游等服务的需求也不断上升。相关企业可以从中寻找更多的机会。

有关调查显示，母婴实体店中游乐区、宝宝游泳、早教成为最受欢迎的三类服务项目，宝宝游泳、宝宝摄影、产后修复是孕期妈妈最关注的三类服务项目，健康营养、零食/进口食品、美容美妆/孕产服务是消费者最期待的新品类。总体来看，年轻妈妈的"养娃"方式延续了年轻人一贯的"懒系生活"精神和"悦己"态度。例如，"辣妈"们对便捷舒适的电动哺乳器显示出消费热情。同时，产后塑形仪、修复仪、塑身衣等产品消费不断攀升，共同助力年轻妈妈的"悦己式"孕后生活。另外，玩具是孩子最主要的消遣方式，也是他们发展智力和创造力的重要方式。年轻妈妈们对让孩子可以在"玩中学"的早教与智能玩具有更高的消费热情与购买积极性。

第三节　课堂讨论案例

案例 4.2　学习"宜家"好榜样

一、案例内容

设计精巧的样板间，无微不至的厨房及卫生间用品，涂着大面积色块的小居室设计，线条简单、可拆装的家具，紧跟潮流的窗帘、床罩等布艺……轻松自在的购物氛围是全球宜家商场的共同特征。

一般的家具商店在人们心目中是一个很死板、没有美感的家具"仓库"。但宜家以其独有的设计和风格，让消费者感觉在这里购物完全成了一种享受。实际上，很多来宜家的人都不是纯粹来购物的，他们已经惯性地把它当作一个休闲的地方，甚至是一个学习和观摩家居摆设的好地方，成为选购家具、获得家居摆放灵感的好榜样。宜家为此投入了大量的人力和物力。比如，把样板间做得很像真实的家，给消费者营造出一种真实的使用场景。样板间涵盖了各个功能的房间，包括客厅、厨房、卧室、卫生间、儿童房，同时还有 25m^2、35m^2、75m^2 的整体样板间。每个样板间的风格都各不相同，其中布置的所有商品都有商品的材料、颜色、尺寸、保养、价格等方面的详细信息。样板间的生动展示，使消费者感觉到这就是自己的家的样子，从而产生购买冲动。年轻的情侣来宜家不仅能学会家居布置，甚至会把整个样板间中的商品原封不动地"搬回"自己的家。

消费者在这个环境中会不知不觉地被"宜家文化"感染，不但买到了称心如意的家具或家居用品，而且还从中学会了色彩搭配、杂物收纳等许多生活常识和装饰技巧。这正体现了宜家创造更美好的居家生活的理念。

二、案例思考题

1. 为什么说消费者来宜家不只是为了购物？
2. 宜家的样板间布置和商品的搭配陈列对消费者有哪些影响？

三、案例讨论提示

1. 为什么说消费者来宜家不只是为了购物？

宜家给消费者营造的是一种轻松自在、温馨享受、颇具体验感的氛围，而不同于其他一些商家那样，只能给人一种呆板地销售商品的感觉。

宜家销售家居用品，而家居用品给人的第一感觉就是温馨，所以宜家将这一点融入自己品牌的营销方式中去，让每个来到宜家的消费者可以亲自感受到商品的温度和质感，耳边还有舒缓的音乐，给每个人宾至如归的感受，让消费者在这里的消费变成一种享受。所以很多人来到宜家不只是购物，而是把宜家当成一个休闲的地方，就像一样，同时不知不觉被宜家的文化所感染，更容易促成消费者在宜家的购买行为。综上，消费者在宜家更多的是体验式和享受式消费，在宜家购物，消费者可以体会到温馨舒适和美好的购物体验。

2. 宜家的样板间布置和商品的搭配陈列对消费者有哪些影响？

消费者的学习是指在购买和使用商品中不断获得知识、经验和技能，不断完善其购买行为的过程。宜家样板间的体验式布置可以触发人们的消费联想，当人们坐在宜家样板间的沙发上时，由于真实感受到的舒适和温馨，就会联想到自己家里的沙发，也想在自己家里拥有这样舒适的感觉，于是会激起购买欲望。

宜家商品的搭配陈列很讲究，它们的商品很少单一地出现在顾客眼前，这使来到宜家的消费者从视觉上可以直观地看到美观的搭配方法，并激起了消费者对其模仿的心理，有意无意地想要拥有同款商品搭配，以至于会将商品成套地"搬"回自己的家。宜家通过其独特的样板间布置和陈列搭配吸引了很多消费者前来观摩，并塑造了其品牌的特有风格。宜家便可以利用刺激泛化将消费形成的对于品牌一些好的情感和体验传递到新产品上去，这样一来，每当宜家推出新产品时，消费者可能不会过多考虑就将其收入囊中，这源于对宜家品牌的接受度和信赖度。认知是消费者态度的构成之一，消费者通过在宜家样板间的感受、知觉、思维等认知活动，形成了对宜家商品肯定的认知。

【实训任务】奶茶消费需求和态度市场调查

◆ 1. 实训目的

通过调查了解你及其身边的同学对奶茶产品的需求和态度状况，发现其需求和态度特征，了解其背后的原因，思考可能的营销方案。

◆ 2. 实训内容

设计调查问卷，调查50名以上的同学，根据调查结果完成调查报告。问卷设计可参考以下问题。

◎你喜爱的奶茶品种及市场上的奶茶品牌。

◎现有市场上奶茶的价格。

◎你购买奶茶的主要原因（解渴/调节心情/改善生活/约会/聚会）。

◎你喜欢的奶茶口味（珍珠奶茶/椰香奶茶/红豆奶茶/其他）。

◎你认为喝奶茶对身体不好（是/否）。

◎你对奶茶包装的态度（纸杯/塑料杯）。

◎确定同学们心目中的奶茶价格定位。

◎总结购买奶茶时，同学们主要受哪些因素的影响（口味/品牌/包装/营养）。

第五章

消费者人口统计特征、自我概念和生活方式

本章导读

　　消费者并不是一个统一、泛指或模糊的概念，而是指一个个具体的、生动的个体。当一个消费者站在你面前，你能马上判别他的性别、年龄等信息。这些人口统计特征方面的信息为我们研究消费者的心理和行为提供了最基本的参考。除此之外，我们注意到，消费者对自我有多种看法，有时，消费者的购买可能与实际的自我概念相符，但有时也会有例外。这是如何产生的？生活方式这个词在日常生活中常常用到，例如，"吃快餐或晚睡晚起"就被认为是不健康的生活方式。那么，生活方式的含义是什么？有哪些测量的方法？要注意的是，生活方式并不完全由一个人的个性决定，它还受文化、群体等多种因素的影响。

　　本章学习消费者人口统计特征的构成要素及其对消费者行为的影响，学习自我概念的含义、构成，了解自我概念与产品象征性的关系，理解生活方式的含义及测量方法，学习自我概念、生活方式对消费者行为的影响及作用。

　　本章案例"女性的力量——西装"不仅展示了女性对服装饰品的需求，更体现出消费品与消费者的自我概念、生活方式的关联性。案例"银发市场——爱'美'没商量"则描述了人口老龄化背景下具有无限潜力的银发市场。

第一节 理论知识要点

一、消费者人口统计特征

消费者人口统计特征即消费者在人口统计方面上的基本特征，也称人口统计变量，主要指消费者在年龄、性别、种族与宗教、地理区域、受教育程度、职业以及收入等方面的特征。了解消费者人口统计特征是研究消费者行为最基本、必需的步骤，不仅是因为人口统计特征与消费者心理、行为密切相关，还因为人口统计特征通常比其他变量更容易衡量获取。

（一）消费者的年龄

一般来说，通过年龄分析预测消费者心理和行为的变化会比较容易：一是年龄的增长出现的消费变化特征比较容易获得，如婴儿服装和成人服装的区别；二是预测人口年龄变化带来的变化比其他变量容易，因为年龄在短期内不会发生太大的变化。

（二）消费者的性别

由于生理和生活需要的区别，不同性别的消费者对产品和服务的需求不同，且由于社会地位、责任和义务的不同，导致了不同的社会心理，从而在消费心理和行为上表现出很大的差异性。

（三）消费者的地理区域

不同的地理区域具有不同的自然环境、气候条件，以及在不同环境下形成的文化和习俗的差异，这些将导致人的消费心理和行为的不同。

（四）消费者的受教育程度
（五）消费者的职业

（六）消费者的收入

二、自我概念

（一）自我概念的含义

自我概念是指一个人对自己的能力、气质、性格等个性特征的知觉、了解和感受的总和。

1. 三分法

（1）物质自我

（2）社会自我

（3）精神自我

2. 四分法

（1）真实自我

（2）理想自我

（3）自我形象

（4）镜中自我

（二）自我概念的形成

1. 通过自我评价来判断自己的行为是否符合社会所接受的标准，以此形成自我概念。

2. 通过他人对自己的评价来进行自我评价，从而形成自我概念。

3. 通过与他人的比较观察而形成和改变自我概念。

4. 通过从外界环境获取有利信息，来促进和发展自我概念。

（三）自我概念与产品的象征性

1. 产品的社会意义

2. 产品的符号消费

（四）基于自我概念的营销策略

1. 运用自我概念为产品定位

2. 运用自我概念进行新产品研发

3. 运用自我概念进行广告宣传

三、生活方式

（一）生活方式的含义

生活方式是指人们的物质资料消费方式、精神生活方式以及闲暇生活方式等内容，是人们一切生活活动的典型方式和特征的总和。

（二）生活方式的测量

1. AIO 分析法

2. VALS 分析法

（三）生活方式与消费行为

1. 生活方式影响着消费者如何花费、如何消磨时间、如何选择商品等各个方面，与消费者的外部行为紧密相连，可以作为判断消费者购买行为的直接依据，而生活方式又会反过来影响消费者购买行为的方方面面。

2. 消费者的生活方式会影响其需要与欲望，同时会影响消费者自身的购买行为和使用行为。

3. 企业促销宣传的主题需要符合目标消费者的生活方式。

4. 生活方式影响消费决策，而这些决策反过来又能强化或改变消费者的生活方式。

第二节　教学引导案例

案例 5.1　女性的力量——西装

一、案例内容

西装一直是男性服装王国的宠儿，人们常用"西装革履"一词来形容风度翩翩的男性。确实，穿上西装，就会给人以有文化、有教养、有绅士风度、有权威感的印象。因此，西装还有一个名字叫 Power suit 权力套装。女士穿上西装，绝对是女性时尚史上浓墨重彩的一笔。1910 年之前，并没有出现过真正意义上的女士西装。直到 1914 年，倡导女权主义的可可·香奈儿（奢侈品品牌 CHANEL 的创始人）摒弃了"女性就该穿裙子"的旧观念，从男装上得到创意，以粗花呢套装设计，放松腰部束缚，增加硬朗的线条感，创造了第一套女士西装。

20 世纪 20 年代，伴随着西方国家女权意识的觉醒，女性开始积极争取进入职场的权利，西装开始渗入女性的生活。好莱坞女星马琳·迪特里希可谓是西装套装的引领者，但她穿的不是 CHANEL 套装，而是确确实实的男士西装。1966 年，法国设计师伊夫·圣罗兰大胆开创了中性风，设计了历史上第一件女性吸烟装（Le Smoking），将男性的阳刚和女性的性感杂糅在一起。与此同时的主流时尚界，CHANEL 套装开始有了垫肩，更强调女性的力量。于是，更多的女性尝试穿上西装，做知性、有态度的自己。20 世纪 80 年代，出现了以 ARMANI 为代表的 Power suit，特征是笔挺的面料，中性色系，简约利落的剪裁，宽大垫肩风格，是职业女性在职场上争取和男性享有平等权利的象征。

20 世纪 90 年代后，西装中有了柔软的粉红色以及印花图案的设计，很多女性还把西装与蕾丝花边吊带背心、真丝上衣、裙子搭配，正如 Vogue（美国时尚杂志）宣称"Power Suit 时代"结束了，因为女性已经拥有足够的自信和力量，不再需要西装来武装自己、证明自己了。

二、案例思考题

1. 根据案例，西装的产生和流行反映了怎样的女性消费心理？
2. 思考着装风格和一个人的自我概念、生活方式之间的关系及相互影响。

三、案例分析提示

1. 根据案例，西装的产生和流行反映了怎样的女性消费心理？

在案例中，西装的产生与流行是伴随着女权运动的不断发展而产生的，也进而反映了女性群体不断获取权利、希望展现自我、再到最终具有足够自信、充分展现女性美的消费观念。

首先，女性西装的产生根源于女性运动的发展，随着 CHANEL 品牌创始人 Coco Chanel 摒弃了"女性应该穿裙子"的旧观念，设计出了女性西装的第一套雏形，在该套西装中，香奈儿抛弃了先前对女性的腰部束缚，这种消费观念是在女性意识不断萌发的背景下产生的，体现了希望能够创造女性自我、获得解放的一种想法。

其次，随着女性运动的进一步发展，女性不断进入职场，需要更加合适的服饰，因而西装有了更加广阔的发展市场，而在此阶段，西装的消费心理同样倾向于实用性心理。正如案例中所阐述的，裤装的出现具有非常强的实用性消费需求，满足了女性参与劳动的需求。随后，以 Le Smoking、ARMANI 为代表的 Power suit 等西装不断改进，在更加具有美感的基础上帮助女性获取职场权利。

最后，随着女性更加具有自信，西装的表达作用渐渐弱化。色彩丰富的女士西装以及各类颇具个性的西装穿搭融入生活，女性对西装的要求变得更为多元，女士西装的发展也更加具有女性特征，其消费也不仅仅出于实用性工作需要，广大女性出于美观需求大量购买女性西装，西装已经不作为自我武装的工具出现。

总之，从资料的收集来看，女士西装自女性运动发展而出现，并随着女性运动的不断推进、女性权利获取、自信积累而不断由追求实用的消费心理转变为追求美观的消费心理。

2.思考着装风格和一个人的自我概念、生活方式之间的关系及相互影响。

从案例中描述的事实可以了解到，着装风格将会影响一个人的自我概念、自信心以及自我认同，并进一步影响其生活方式。

首先，自我概念将会影响着装风格。随着 CHANEL 品牌创始人大胆摒弃"女性就该穿裙子"的观念，第一件女性西装才得以不断流行，这便是女性对于自我认知的不断改变，随着这种固化思维的改变，这种着装风格才逐步得以流行。

其次，随着自我概念不断影响生活方式，进而生活方式影响着装风格，着装风格又反作用于自我概念。如 20 世纪 90 年代之后，西装有了柔软的粉红色以及印花图案的设计，很多女性还把西装与蕾丝背心、真丝上衣、裙子搭配。这也证明女性的自我概念不断健全，着装风格也更加多样，不拘泥于职场，不再受到固定限制。结合收集到的资料来看，当前各个西装品牌的特征由实用性逐步发展为审美化、个性化，出现了更加个性的剪裁和更加随性的搭配。正是因为女性已经拥有足够的自信和力量，不需要西装来武装、证明自己了。

总之，着装风格和自我概念、生活方式之间的关系是双向的，并互相影响、互相促进，在女性意识觉醒初期，自我概念发挥了比较强大的作用，推动了女性西装这种着装风格出现，并推动女性进入职场，生活方式变化，最终反过来影响女性意识与着装风格。所以，伴随着女权运动的不断发展，女性西装逐步发展起来，由先前的实用性服饰逐步发展为展现独特女性美丽的美观性服饰。一方面，着装风格体现了消费者的自我概念和生活方式；另一方面，自我概念和生活方式也会帮助消费者定义着装风格，从而得到正确的自我认知，完成自我提升。

第三节 课堂讨论案例

案例 5.2 银发市场——爱"美"没商量

一、案例内容

所谓"银发市场"就是指中老年人的消费市场。近年来，我国人口老龄化不断加剧。2021年第七次人口普查结果显示，我国60岁以上老人达到2.64亿人，占比18.7%，比重上升5.44个百分点；其中，65岁及以上人口达到1.9亿人，占比13.5%。相关人士表示，我国已经从轻度老龄化迈向了中度老龄化。

随着老年人口基数的不断增加，银发市场规模也在随之壮大。相关数据显示，2020年老年人口总消费达到了7.01万亿元，银发市场规模达5.4万亿元。预计到2050年，我国老年人口总消费将达到61.26万亿元，银发市场规模将达48.52万亿元。可见，银发市场将潜力无限。

在传统理念中，勤俭节约、注重性价比等标签是对于中老年人群的主要印象，因此对于中老年市场的挖掘并不在多数。但随着社会经济的发展和文化水平的提升，越来越多的中老年群体注重对美的追求。京东发布的数据显示，2021年1月23日至3月20日，京东50岁以上用户购买美妆的消费金额同比增长51%；苏宁315大数据表明，受中老年欢迎的染发剂销量环比增长118.09%……数据显示，伴随2021年老龄人口再次扩张，中老年人群的护肤产品消费力不断增长，50岁以上用户选择美妆护肤的消费额度同比增长51%。有机构预测，未来中国中老年美容化妆市场规模将超过千亿。化妆品分为彩妆和护肤品两类，护肤品占据中老年市场的绝对主导地位，曾有机构在北京找了100位50—70岁的消费者，调查其生活消费方式，结果表示会护肤化妆的50岁以上的消费者达到100%，其中，抗衰抗皱是其最为核心的消费需求点，选择市场主流抗皱产品进行分析，价格主要集中在100—400元。甚至，有许多美容院负责人表示，中老年消费人群在本门店美容消费人群中的比重达到60%以上，中老年消费者的消费能力不容小觑。

此外，市场对于彩妆的需求也在逐步提升。市场中就有诸多老年大学开设了化妆课程，并且抖音等短视频平台"给妈妈化妆"等话题内容受到欢迎，播放量大增。可见，无论是什么年纪，爱美的追求是不变的，随着中国老龄化程度不断加深，伴随着银发市场的持续扩张，提升自我、追求审美的老年人将收获更精彩的生活。

二、案例思考题

1. 我国"银发市场"具有什么特征？为什么说"银发市场"潜力无限？

2. 根据案例，中老年人"爱美"的需求为美妆企业提供了哪些机会？请为中老年的美妆产品营销提出三条以上的建议。

三、案例讨论提示

1. 我国"银发市场"具有什么特征？为什么说"银发市场"潜力无限？

首先，银发市场具有广泛性。近年来，伴随着中国老年人口规模扩大和增长速度不断加快，再加上老年人寿命延长且人们的生育速度放缓。我国人口老龄化程度不断加剧。

其次，银发市场具有消费多样性。过去，老年人注重勤俭节约、性价比等。医疗保健、益寿延年更是老年人生活中的关键词。在其他需求方面，保证老年人基本的衣食住行需求已经是许多老年人心之所求。现在，随着消费水平提高，更多老年人开始追求美。于是，老年人选择了化妆品、染发剂、护肤品等让自己变美。过去，老年人常常通过服装、服饰打扮自己。现在他们更加注重通过修饰自己的肌肤从而让自己更加年轻。变美不仅可以通过选择服装提升气质，还可以通过护肤品等更有针对性地改变皮肤状态。

最后，银发市场具有习惯性。老年人具有较丰富的购物经验，往往喜欢质量高且方便的产品，并且对一些品牌会产生偏好，具有高品牌信任度。在特定环境下，老年人形成了购买美妆产品的习惯。因此，美妆产品的销量不断增长。

我国的银发市场具有极大的发展潜力，主要有以下几个方面的原因。

第一，我国银发市场具有较大的人口规模。如人口普查结果所示，我国老年人口数量在逐年增加。我国已经从轻度老龄化迈向中度老龄化。作为一个人口大国，中国老年人口数量堪称世界之最。因此，中国银发市场的特征是规模大、前景广、消费潜力大、充满活力，银发市场发展具有较大的潜力。

第二，我国老年人消费能力有所提高。随着经济发展和人们文化水平的提高，老年人的价值观、消费观和生活方式不断变化，他们的购买欲望也随之增强。因此，更多人开始追求精致的生活状态。老年人购买美妆护肤产品，既提升了老年人的生活质量，也弥补了老年人对美丽的长期忽视。当今社会下老年人不仅注重商品的使用价值，也注重其带来的审美价值，从而获得比较丰富的精神世界。

第三，消费偏好影响银发市场。无论什么年纪，爱美的追求是不变的。过去，一件好看的衣服能够满足老年人对美的需求。随着消费水平和消费能力的提升，老年人开始进一步通过美容护肤满足需求。这也恰恰反映了时代变迁下人们生活水平的大幅度提高。

第四，随着我国政府积极推进社会养老保险制度的改革，新的社会养老保险制度将较好地调节老年人的消费能力和消费状况，使其购买力保持稳定并有所增长；并且银发市场中许多人事业有成，退休金和储蓄存款较为可观。他们中的大多数人由于年轻时追求事业，没有太多时间去享乐，因此现在会主动追求各类休闲玩乐活动，所以注重享乐消费的需求会增多，正如本案例所言，"'爱美'没商量"不只是年轻人的专利。

2. 根据案例，中老年人"爱美"的需求为美妆企业提供了哪些机会？请为中老年的美妆产品营销提出三条以上的建议。

第一，中老年消费者的需求为美妆产品提供了一个新的市场。针对中老年消费者可以进行延迟满足性的美妆产品的销售和推广。老年消费者往往"有钱有闲",年轻时忙于事业和家庭,对于某些美妆产品没有过多消费,因此,目前中老年美妆市场前景广阔。

第二,提供了一个新的产品切入点。中老年消费者对于抗皱类护肤品需求较大,且愿意为其投资,因此,美妆产品可以在追求美妆效果的同时,加入护肤品的功效,例如抗皱、淡纹等,能够更加吸引消费者。

第三,提供了新的营销理念。伴随着银发市场的持续扩张,提升自我、追求审美的老年人生活更加精彩,从心理角度进行营销往往更能打动老年消费者。

营销建议包括以下四点:

(1)注重美妆产品的功能性开发。老年人群对美妆护肤产品的需求中,抗皱抗衰老是最为核心的消费点。这需要美妆企业推出功能性的产品,例如,抗衰抗皱系列产品、紧致提拉系列产品等,尤其强调产品的抗衰老性能,并以纯天然、中草药成分为主要卖点,从而吸引更多老年消费者。

(2)美妆产品企业可以通过延伸产业链,促进市场产品多样化。企业也可以考虑在生产美妆产品的同时推出彩妆系列,包括指甲油、口红、染发剂等产品,扩大产品市场,进一步满足老年消费者的需求。有研究显示,不少老年人对口红等彩妆的需求主要源于社交场景,如朋友聚会、文艺展演、旅游休闲等,而且他们对口红的品质要求较高。

(3)企业应将价格控制在合理的范围内,并通过折扣、优惠券等营销方式吸引更多消费者。虽然老年人的消费水平较之前已经有了大幅度的提高,但是她们的消费水平往往是有限的。而且,一般老年人会精打细算,根据案例可知,老年人购买产品的价格主要集中在100—400元。因此,美妆产品的价格应设置在消费者愿意购买的价格范围内。美妆企业可以通过在节假日进行打折促销、买一赠一等方式为消费者提供更多消费机会。

(4)有的老年人精力充沛,也有的老年人体力与精力不支,不能像从前那样经常性地逛街购物,所以,应综合衡量老年人的生理特征、购买习性及实际情况进行相应的线上和线下营销相结合的方式。案例显示,市场中有诸多老年大学开设了化妆课程，并且抖音等短视频平台上为老人化妆的话题内容受到欢迎，视频的播放量已经开始大幅度增长。尤其是受新冠疫情影响期间，人们外出受限，美妆企业大力推广线上店铺销售，企业可以通过诸多线上平台实现产品的推广。例如，邀请一些中老年嘉宾对产品进行试用和推广，这样中老年客户群体既可以直观地感受到产品的优势，还能即时了解更多关于美妆护肤的知识，拓宽客户群体的同时还推动了该人群的消费。

由于生活观念和知识结构的影响，光靠线上销售难以使老年人相信产品。因此，不可忽视线下店铺的作用，通过线下品牌专柜或者美妆店铺，引导老年人体验护肤的过程和效果。比如，店内销售时，销售人员直接让老年消费者试用产品，甚至免费发放新品，使老人在成本最低、没有"门槛"的情况下认识产品、接受产品，能起到事半功倍的效果，而且还能体验到细致周到的美妆服务。

【实训任务】社区居民消费状况调研

◆ 1. 实训目的

通过调查和走访你所生活的社区，了解不同人口统计特征的居民消费情况，发现人口统计特征和消费状况之间的关系，加深对所在社区的了解，树立为社区服务的意识，为社区建设提出建议。

◆ 2. 实训内容

围绕社区居民日常生活的基本需求，调查社区居民的消费状况，包括居民消费意识、消费理念、消费方向、消费目的、消费水平和结构等，分析居民在年龄、性别、职业、收入等情况下的消费差异，总结本社区居民的消费特征；并针对社区居民的消费观念、购物商场选择以及兴趣爱好、休闲娱乐等活动，对所在社区居民的生活方式进行描述。

第六章

消费群体与消费者心理

本章导读

消费一般是指个体消费或家庭消费。为什么群体会对消费者的心理和行为产生影响？这是因为，一方面，任何消费者都是群体中的一员，分析个体消费时，离不开对群体的分析；另一方面，群体对个体消费有显著的影响，因为寻求归属感是人的重要动机，消费者期望能与社会中的他人接触并保持友好的关系。由此，为了和群体保持一致，或者为了避开某些群体，消费者在消费时将有所倾向，出现暗示、模仿、从众等消费行为。当然，消费群体的存在，为企业进行市场定位、选择目标市场提供方向。

本章学习消费群体、参照群体、暗示、模仿、从众等概念，比较不同年龄、性别消费群体的心理及行为的差异，学习参照群体对消费者的影响形式及影响程度，学习暗示、模仿与从众行为的产生对消费者的影响。

案例"百事可乐——新一代的选择"从标题上看就很好地展现了其品牌针对的目标顾客群体定位。案例"士力架——横扫饥饿 做回自己"介绍了士力架通过三种心理机制来影响消费者的选择。

第一节 理论知识要点

一、消费群体

(一) 消费群体的形成

1. 内部因素

指根据消费者在生理、心理特性方面存在的差异而划分形成的群体，这些差异促成了不同消费群体的形成。

2. 外部因素

根据经济发展水平、文化背景、民族、宗教信仰、地理气候条件等外部因素的差异而划分形成的群体，这些因素对不同消费群体的形成具有重要作用。

(二) 消费群体的类型

1. 根据人口统计特征划分

2. 根据自然地理特征划分

3. 根据消费者心理因素划分

(三) 消费群体对消费者行为的影响

1. 对群体成员的示范性影响

2. 对形成共同消费习惯的影响

3. 促使群体成员行为的"一致化"

二、主要消费群体的消费心理及行为

(一) 不同年龄消费群体的消费心理与行为

1. 少年儿童消费群体的消费心理与行为

2. 青年消费群体的消费心理与行为

（1）追求时尚、表现个性

（2）突出个性、表现自我

（3）追求实用、表现成熟

（4）注重感情、冲动性强

3.中年消费群体的消费心理与行为

（1）理智性强、不易冲动

（2）计划性强、盲目程度低

（3）注重传统、创新意识不强

4.老年消费群体的消费心理

（1）习惯稳定、行为理智

（2）讲究实用、追求便利

（3）补偿性心理

（二）不同性别消费群体的消费心理与行为

1.女性消费群体的消费心理与行为

（1）实用和细节

（2）便利且个性

（3）情感和美感

2.男性消费群体的消费心理与行为

（1）理性和自信

（2）独立与自尊

（3）面子和虚荣

三、参照群体

（一）参照群体的功能

1.规范功能

2.比较功能

（二）参照群体对消费者的影响

1. 对消费者的影响方式

（1）规范性影响

（2）信息性影响

（3）价值表现上的影响

2. 对消费者的影响程度

（1）参照群体的权威性、可信度和吸引力

（2）消费者的个性特征、知识及经验

（3）消费者的自我形象

（4）消费者选购商品的特点和类型

（三）参照群体在营销中的运用

1. 名人效应

2. 专家效应

3. 普通人效应

4. 经理型代言人效应

四、暗示、模仿与从众行为

（一）暗示

1. 暗示的种类

（1）直接暗示和间接暗示

（2）积极暗示和消极暗示

（3）物的暗示和人的暗示

（4）自我暗示和他人暗示

2. 暗示对消费者的影响

（1）自愿、自觉地接受产品

（2）推动购买决定

（3）间接暗示效果更明显

（二）模仿

1. 模仿的产生

模仿是在非强制因素作用下参照某对象而产生的相同或类似行为的活动。从内在本质看，模仿是消费者的一种学习方式，是一个学习的过程。

2. 模仿的特点

模仿是一种普遍存在的社会心理和行为现象，可以使消费者模仿的内容非常丰富，如服装、发型、家居或饮食习惯，都可以成为模仿的对象。

（1）模仿是一种非强制性行为；

（2）模仿是消费者理性思考的表现，有时也是感性驱使的行为结果；

（3）模仿行为发生范围广泛，形式多样；

（4）当模仿规模扩大，发展成多数人的共同行为时，就衍生为从众行为或消费流行。

（三）从众

1. 从众产生的原因

（1）寻求社会认同感和安全感

（2）个人判断力缺乏信心的表现

（3）对偏离群体的恐惧

2. 从众的表现方式

（1）从心理到行为的完全从众

（2）内心接受，行为上不从众

（3）内心拒绝，但行为上从众

3. 从众的特点

（1）从众一般是被动接受的过程

（2）从众涉及的范围有限

（3）从众引发消费流行

第二节　教学引导案例

案例 6.1　百事可乐——新一代的选择

一、案例内容

提到碳酸饮料，可口可乐与百事可乐绝对是人们最熟悉的两个品牌。从 1886 年可口可乐创立，再到 1903 年百事可乐创立，"红蓝大战"已经持续了百年。相比可口可乐来说，尽管百事可乐是后来者，但两者在长期较量中，势均力敌，各有所长。应该说，没有哪两家公司会像百事可乐公司和可口可乐公司一样，在百年较量中演绎出许多令人眼花缭乱的故事。

最初，由于比百事可乐公司成立时间早，可口可乐抢占了极好的市场先机。在第二次世界大战以前，可口可乐绝对是碳酸饮料市场的王者。即使到了 1960 年，可口可乐在饮料市场的份额仍以 5∶1 的绝对优势压倒百事可乐。不过，在与可口可乐的竞争中，百事可乐终于找到一个突破口，那就是从年轻人身上发现市场，把自己定位为新生代的可乐，并利用各种广告来打造"百事可乐新一代"。由此，热情奔放的年轻人成为百事可乐广告的主旋律，百事可乐打造了充满情趣、令人振奋、具备新思想、富有朝气和创新精神的品牌形象。到了 20 世纪 60 年代中期，百事可乐几乎成为美国年轻人的标配。1994 年，百事可乐又投入 500 万美元聘请了流行乐坛明星迈克尔·杰克逊拍摄广告片，致力于利用明星效应进一步突出"新一代的选择"。此后，百事可乐经常邀请当红的明星作为自己的品牌代言人。2021 年 4 月 19 日，在中国"百事校园最强音"的线上报名活动中，百事的代言人王嘉尔、G.E.M. 邓紫棋以极具情感张力的品牌主张——"听自己的，热爱全开"，为年轻的 Z 世代打造气场全开的音乐舞台，鼓励年轻一代遵循自己内心的声音，唱响心中热爱。

百事可乐通过定位于年轻人市场，倡导的"渴望无限"品牌理念，不断强调的"新一代的选择"，以及相应的明星代言策略，使百事可乐总能保持新鲜感，总能给追星族带来强烈的冲击感，从而使年轻人成了百事可乐忠实的消费者，也使百事可乐经历了100多年的发展还能保持旺盛的生命力。

二、案例思考题

1. 为什么百事可乐选择年轻人作为目标消费群体？
2. 百事可乐为什么采用明星代言的方式来推广品牌？

三、案例分析提示

1. 为什么百事可乐选择年轻人作为目标消费群体？

从案例中可知，百事可乐和可口可乐作为碳酸饮料市场上彼此的强劲对手，已经形成长达百年的激烈竞争。同样是碳酸饮料，想要经久不衰、占领有效市场，就必须要有针对性的消费群体。在与竞争者相比不占优势的情况下，以集中资源突破，采取单一市场集中化的细分策略是正确的选择。百事可乐选择年轻人作为目标消费群体，对品牌进行明确的定位，成为年轻人表达快乐的象征，在这个基础上进一步加以创新和开拓，让百事可乐成为年轻人的必要选择，由此，建立了百事可乐品牌与年轻人的关联，区别于竞争对手可口可乐等品牌，建立自己的品牌形象。

年轻人作为目标市场的特征可以分析如下。

第一，年轻消费者消费能力很强，市场潜力大。随着科技在社会发展中起着日益重要的作用，青年人的创新能力和知识更新优势给他们带来了越来越丰富的经济收入，他们的消费观念新潮又不愿压抑自己的欲望，注重享受和娱乐。因此年轻的消费者就成为消费能力最强、市场潜力最大的一个消费群体。

第二，年轻消费者的消费意愿强烈，具有时代感和自我意识，他们喜欢标新立异、争强好胜、表现典型的自我心理。

第三，年轻消费者消费行为易于冲动，富有情感性。他们内心丰富、热情奔放，冲动性消费明显多于计划性消费。例如，在许多时候，产品的款式、颜色、形状、广告、包装等外在因素往往是决定其是否购买该产品的第一要素。

因此，年轻消费者是一个庞大的群体，他们有活力、热情，具有较强的购买力，有活跃的思维和独特的个性，注重感情也较为冲动，这些特征与百事可乐的品牌价值观也相辅相成。所以，百事可乐选择年轻人作为目标消费群体。当然，目标消费群体会随着年龄的增长不断发生更迭，原来的消费者也会老去，品牌或企业也会迎来新的消费者。百事可乐只有不断根据新的年轻消费者的特点来调整营销模式，坚持走年轻化的路线，才能够有效并持续保证品牌的长久活力，不被时代所淘汰。

2.百事可乐为什么采用明星代言的方式来推广品牌？

百事可乐采取明星代言的方式来推广品牌，是因为明星具有相当大的影响力，粉丝众多，而且这些明星成就较高、个性突出，与百事可乐的文化定位具有较高的契合度。此外，这些明星的社会地位与百事可乐追求的顶尖企业的定位相符。百事可乐的成功很大程度上得益于全明星助阵的名人效应，它根据"年轻、活泼、时尚"的品牌形象和年轻人的目标定位，邀请明星代言，使百事的"新一代的选择"和推崇"自由快乐"的风格广泛地被人们尤其是年轻人所理解和接受。

具体来说，通过明星代言，可以实现以下几个方面。

第一，树立品牌形象。案例中百事可乐提倡"快乐自由"，倡导年轻人拥有积极进取的生活态度。通过广告和当红明星，来树立百事可乐年轻与潮流的品牌形象，让消费者对品牌定位有强烈的认知，借此吸引更多的年轻人，提升品牌知名度。

第二，吸引消费者眼球。明星代言具有一定的影响力，也是最具有爆发力的吸引眼球的工具，利用明星的粉丝效应吸引更多的粉丝消费者，让"明星同款"带来更多销量。同时明星可以吸引大众的目光，产品可以因此得到曝光。

第三，"名人代言影响新一代"。用明星的影响力去更好地推广品牌理念，传播企业文化所提倡的精神，感染到新一代年轻人，引起广大青年的共鸣。将"新一代的选择"以及推崇快乐、自由、活力四射、朝气蓬勃的精神传递下去，带动更多消费者。

其中，2018年百事可乐出品新春广告"把乐带回家——霹雳爸妈"，邀请当红明星出演，具有喜庆热闹的视觉效果，近距离地贴近消费者内心，给人一种"春节不能缺了百事"的感觉，通过走进消费者的日常生活、利用节日的烘托更好地推广了品牌文化。同时，在特殊节日里，明星的代言又为百事可乐包装了一层"氛围感"，通过名人代言+春节联动最大程度体现了品牌理念以及精神，喜庆热闹的气氛结合明星们富有朝气的形象，提升了消费者对品牌的认知和联想。

第三节　课堂讨论案例

案例6.2　士力架——横扫饥饿　做回自己

一、案例内容

与其他众多巧克力品牌主打浪漫、高贵等基调不同，士力架从创立之时就定位为"运动""能量""横扫饥饿"。而士力架的定位和策略无疑是成功的，现在别人一听到士力架就知道这是一款能缓解饥饿、补充能量的巧克力。"横扫饥饿，做回自己"这句士力架的广告词已经深入人心，在不同的饥饿场景里，士力架都用自己逗趣的方式告诉我们"来根士力架吧！"

士力架是美国玛氏食品公司生产的一款花生夹心巧克力，士力架内含烤熟花生和焦糖组成的"牛轧糖"，外部包裹以牛奶巧克力。1930年，士力架在美国上市，一直以来广为畅销。士力架的品牌Logo设计由英文字母"SNICKERS"独自组成，红白蓝三色搭配，深蓝色大写字母作为主打，红色的外框加白色镂空为辅，由于整个Logo在其产品中占有很大面积，显得非常霸气，让人对其印象深刻。无论是国内还是国外的广告，士力架都一直在传输——"饥饿无法控制，你已变得不像自己"（You're not you when you're hungry）这个品牌概念，把无数饥饿的场景幽默夸张地呈现出来。所以才需要——"来根士力架，横扫饥饿，做回自己"。

2011年，士力架推出"林黛玉版"广告，该广告的内容是在一场足球比赛中，一方的守门员成了"林黛玉"，十分柔弱，且对方不断进球，到了休息的时候，队友拿出士力架，"林黛玉"吃下瞬间变回了一个专业守门员，扑出了对方的进球。再后来出现了广告词"横扫饥饿，做回自己"，伴随着产品展示，从弱柳扶风的"林妹妹"到球门前大展身手的守门员，展示了该产品对人提升体力的帮助作用。这样违和却颇具悬念和搞笑风格的广告，恐怕很难不吸引人们的注意。

2012年，士力架的广告"横扫饥饿，做回自己"呈现多种饥饿的状态，讲述了大学宿舍四个男孩的故事：在饥饿来袭时，他们都暴露了不为人知的另一面，有的变身为易怒包租婆、有的变身为犯懒猪八戒、有的变身为韩剧悲催女主角，兄弟递上来的士力架巧克力则是让他们横扫饥饿，做回自己。

2014年，士力架更是邀请了憨豆先生打起了"饿货拳"，广告中憨豆先生跟随武林高手飞檐走壁却不料因为"饿"导致行踪败露，失足掉入敌人阵营。兄弟们为了救出憨豆先生，顺势递给他一条士力架，憨豆先生吃后满血复活变身武林高手逃离了敌人的虎口。

2021年12月7日，士力架官方微博官宣王嘉尔为品牌代言人并发布相关广告宣传片，在片中，他化身"饥"动队队长，在遇到因饥饿产生的"警情"时，携带士力架出场搭救，凸显士力架高热量、助恢复的产品特色。不仅如此，士力架官方微博还与同以王嘉尔为代言人的Beats品牌联动，与代言人一起战胜冰雪，做回自己！

不得不说，士力架的各种幽默场景营销，确实把生活中各种饥饿的场景都夸张地呈现出来，很有代入感，能让你在饿的时候不知不觉地想到三个字：士力架。

2022年，士力架成为北京2022年冬奥会和冬残奥会官方巧克力独家供应商。实际上，士力架也曾是北京2008年奥运会巧克力独家供应商，这不仅彰显士力架的奥运热情，体现士力架多年来的体育情结，也体现了开放办奥运的理念，而其横扫饥饿、快速补充能量的品牌形象更加深入人心。

二、案例思考题

1. 根据案例，分析士力架通过哪些手法塑造了其品牌形象。
2. 分析士力架如何通过代言人效应、暗示、模仿这三种心理机制来影响消

第六章 消费群体与消费者心理

费者的选择。

三、案例讨论提示

1. 根据案例，分析士力架通过哪些手法塑造了其品牌形象。

（1）独特、清晰的品牌定位。士力架从创立时就定位为"运动""能量""横扫饥饿"。充分体现其品牌功能定位，给疲惫的人们补充能量，给饥饿的人带来饱腹感，突出商品的新价值，强调与同类商品的不同之处及其优越性，能给消费者带来超值利益。

（2）品牌 Logo 深入人心。字体和颜色的搭配使整个标志更显时尚与潮流，起到了激励消费者的作用，形成个性显著、风格独特、独创性与识别性高的品牌标志。

（3）同消费者相关的场景化营销。如憨豆先生的"饿货拳"等把饥饿的场景幽默夸张地呈现出来，将"士力架，横扫饥饿，做回自己"的标语带到受众心中。

（4）体育赛事官方巧克力独家供应商。士力架是 2008 年奥运会巧克力独家供应商、2022 年冬奥会和冬残奥会官方巧克力独家供应商，体现了士力架多年来的体育情结，其品牌形象更加深入人心。这提高了品牌的知名度和公众对品牌的信任度。

（5）在品牌形象的塑造中，士力架多次采用夸张、重复的手法创作深入人心的广告，士力架把"饿货"击倒，然后"横扫饥饿，做回自己"，更加凸显了士力架是一款能缓解饥饿、补充能量的巧克力。其挑选的经典角色分为两类，一类是比较强的，另一类是比较弱的，广告创意中以由弱变强凸显主题，或者以本来就强、一饿就变弱的反转凸显主题。

另外，士力架在主打"横扫饥饿"口号的同时也擅长结合中国元素，比如林黛玉、清宫、中国体育等独特的中国符号很容易让消费者产生代入感，同时结合幽默搞笑的广告风格，塑造出士力架独特的品牌形象。

2. 分析士力架如何通过代言人效应、暗示、模仿这三种心理机制来影响消费者的选择。

（1）代言人效应。名人作为参照群体对崇拜他们的粉丝具有很大的影响力和感召力，对普通人来说，名人代表一种理想化的生活模式，名人效应对青少年群体的影响更明显。士力架聘请王嘉尔为品牌代言人，不仅在其相关广告宣传片中凸显士力架高热量、助恢复的产品特色，还与同以王嘉尔为代言人的Beats品牌联动，与代言人一起战胜冰雪，做回自己。通过这种代言人效应，进而增加消费者对士力架的好感度和购买量。

（2）暗示。其一，直接暗示，士力架有意识地向受众直截了当地发出信息"来根士力架，横扫饥饿，做回自己"，使受众逐渐变成士力架的消费者。其二，"横扫饥饿，做回自己"对于消费者来说是一种积极的暗示，对人的身心健康产生积极作用，进而消费者更能够接受这种暗示。

（3）模仿。士力架的广告呈现出不一样的生活场景下"饿"的样子，在这种情况下，来根士力架就可以恢复体力。那么在现实生活中，当人们体力不济时就会想到模仿广告中的行为，"来根士力架，横扫饥饿，做回自己"。

【实训任务】在校大学生消费状况调研

◆ 1. 实训目的

针对你所在的高校学生进行问卷调查，通过调查，了解本校在校大学生的消费支出、消费方向等状况，总结其主要消费特征，发现问题，引导大学生树立正确的消费观念，为商家开拓大学生市场提供参考。

◆ 2. 实训内容

采用抽样调查的方式，样本量为300人以上，调查对象年级结构可参考：大一学生占15%，大二学生占25%，大三学生占30%，大四学生占30%，覆盖本校各个院系专业。调查问卷应包括大学生的经济来源、消费支出情况、消费结构（衣食住行）、消费观念等，根据调查结果分析大学生的消费表现和特点，完成"大学生消费群体调查报告"。

第七章

经济文化环境与消费者心理

本章导读

消费既是一种经济现象，更是一种社会现象。从宏观层面上，消费与经济的相互促进作用在此无须赘述，就每一个个体消费者而言，也明白什么是"量入而出"和"寅吃卯粮"。因此，哪些经济因素与消费相关？收入怎样影响消费？同样，当河南人在早餐时享用一碗热气腾腾的胡辣汤时，贵州人正在排队吃一碗香辣辣的肠旺面……我国地大物博、民族众多，文化和习俗对消费的影响人们早已司空见惯。那么，文化的含义是什么？实际上，不仅消费者的选择和行为被文化影响，从长远来看，这些选择和行为的微小改变也会影响文化。

本章列举了经济发展水平和个人经济状况对消费者行为的影响，学习文化、亚文化、文化价值观的概念及其对消费者的影响，学习消费习俗、消费流行对消费者心理和行为的影响。我国传统文化中的面子文化、关系文化、家庭伦理文化及其对消费的影响是深远的。

本章案例"'一碗拉面'折射的文化"以小见大，折射出饮食消费中的文化差异。当阅读"小汽车'开进'你我家"案例时，你会了解到我国汽车消费的发展情况、特点以及新的变化。

第一节　理论知识要点

一、经济环境的影响

(一) 经济发展水平对消费者的影响

1. 经济发展水平

经济发展水平是影响消费者行为最基本的经济因素，它从总体上制约消费者活动的范围、内容和方式。

2. 经济体制

坚持和完善社会主义基本经济制度。消费方面的特征表现为从量向质的转变，消费者的选择更加多元化，品质消费、文娱消费的占比正在大幅度提升。

3. 地区与行业发展状况

地区经济发展的不平衡或行业发展的特殊性表现为不同地区消费者的消费能力、消费水平、消费结构等差异。

4. 城市化程度

城乡居民在经济和文化方面存在着某种程度的差别，进而导致不同的消费行为，城市化程度是影响消费者活动特征的重要环境因素之一。

(二) 个人经济状况对消费者的影响

1. 消费者收入水平的变化

消费者的个人收入是指消费者个人从各种来源得到的全部收入，包括工资、退休金、红利、租金、赠予等。消费者收入水平的高低或变化对消费者行为有直接、显著的影响。

2. 消费者支出的变化规律

消费者支出是指消费者作为居民个人用于满足家庭日常生活消费需要的全

部支出,既包括现金消费支出,也包括实物消费支出。

消费者支出模式指消费者收入变动与需求结构之间的对应关系,也就是常说的支出结构。在收入一定的情况下,消费者会根据消费的急需程度,对自己的消费支出项目进行排序。

3.储蓄和信贷对消费的影响

在一定时期内货币收入水平不变的情况下,如果储蓄增加,购买力和消费支出便会减少;如果储蓄减少,购买力和消费支出便会增加。所以,储蓄的增减变动会引起市场需求规模和消费结构的变动。

消费者信贷实际上就是消费者提前支取未来的收入,提前实现消费。信贷消费允许人们购买超过自己现实购买力的商品,从而创造了更多就业机会、更多收入以及更多需求;同时,消费者信贷还是一种经济杠杆,它可以调节积累与消费、供给与需求的矛盾。

二、文化环境的影响

(一)文化的含义及特征

1.文化的含义

要回答"什么是文化"并不容易。一般认为,文化有广义与狭义之分。广义的文化是指人类在社会历史发展实践过程中创造的物质财富和精神财富的总和。其中,物质财富是指人类创造的物质文明,包括建筑、交通、服饰、日常用品等,属于可见的显性文化;精神财富包括宗教、信仰、风俗习惯、道德情操、学术思想、文学艺术、科学技术、各种制度等,属于不可见的隐性文化。狭义的文化是指人类精神活动所创造的成果,如哲学、宗教、科学、艺术、道德等。

在消费者心理和行为的研究中,研究者主要关心文化因素对消费者行为的影响,因此,本书将文化定义为消费者在一定社会环境中经过学习获得的用以指导消费者行为的信念、价值观和习惯的总和。

2. 文化的特征

（1）共有性

（2）差异性

（3）变化性

（4）适应性

（二）文化价值观对消费者的影响

文化价值观形成了一个人潜在的行为准则，在个人认知体系中居于核心位置。文化价值观作为一个强有力的因素影响消费者的消费动机、消费方式以及商品选择。

1. 个人主义/集体主义指数

2. 权力距离指数

3. 不确定性回避指数

4. 男性化/女性化指数

（三）亚文化与消费者行为

亚文化，又称为次文化或副文化，是指与主文化相对应的非主流、局部的文化现象，它在主文化的背景下，属于某一区域或某个集体所特有的观念和具有的生活方式。

1. 亚文化群的分类

亚文化群可以根据种族、民族、人口特征、地理位置、宗教信仰等因素进行划分。

2. 亚文化消费者群的特点

（1）以一个社会子群体的形式出现，每个子群体都有各自的文化准则和行为规范；

（2）子群体和子群体之间在消费者行为上具有明显的差异；

（3）每个亚文化消费者群都会影响和制约本群体内各个消费者的个体行为，群体成员对亚文化具有强烈的认同感和归属感；

（4）每个亚文化消费者群还可以细分为若干个子亚文化群。

（四）中国传统文化与消费

1. 面子文化

2. 关系文化

3. 家庭伦理文化

三、消费习俗与消费流行

（一）消费习俗

1. 消费习俗的类型

（1）物质类消费习俗

（2）社会文化类消费习俗

2. 消费习俗的特点

（1）长期性

（2）社会性

（3）地域性

（4）非强制性

3. 消费习俗对消费者的影响

（1）消费习俗促进了消费者购买心理的稳定性和购买行为的习惯性；

（2）消费习俗强化了消费者的消费偏好；

（3）消费习俗使消费者心理与行为的变化趋缓。

（二）消费流行

1. 消费流行的特征

（1）新奇性

（2）个体性

（3）消费性

（4）周期性

（5）规模性

（6）现实性

2.消费流行的种类及方式

消费流行涉及的范围十分广泛，消费流行的方式一般有：

（1）滴流，即自上而下依次引发的流行方式；

（2）横流，即社会各阶层之间相互诱发横向流行的方式；

（3）逆流，即自下而上的流行方式。

3.消费流行产生的原因

（1）经济发展提供了流行产生的条件；

（2）流行受利益驱动而产生；

（3）消费者的心理需求；

（4）科技和新媒体的推动。

第二节 教学引导案例

案例7.1 "一碗拉面"折射的文化

一、案例内容

中国人对面食的喜爱是全世界有目共睹的,家常的面食有饺子、花卷、馒头等,除此之外,在各大菜系中还有数不清的面点。我国是有着五千年文明历史的国家,小麦是主要的粮食作物,所以我国也是较早把面粉作为食物的国家。把面粉利用得这样极致,也是合情合理的。

中国比较传统的面食中,面条算是比较常见的,如武汉热干面、山西刀削面、四川担担面等,当然,最普及的还是兰州拉面。兰州拉面讲求"一清""二白""三红""四绿""五黄"。什么意思呢?"一清"就是说拉面的汤要清;"二白"是说拉面里要加上白萝卜;"三红"就是说拉面要放辣椒,辣椒布满汤面才让人食欲大增;"四绿"是说拉面出锅之后要撒上葱苗,葱苗一定要绿;"五黄"是说做拉面的面粉煮出来一定是发黄的。这十个字比较形象地描绘了拉面,当一碗热腾腾的牛肉拉面摆在你面前,不但让你食欲大增,而且能让你感受到来自西北的豪情和气魄。

其实,拉面不是我国特有的,在日本,拉面也是一种比较传统的面食。日本的拉面与我国的拉面不太一样。我国的拉面比较重视量的多少,先不说看起来、吃起来如何,分量是一定要给足的,这能体现出大气。而日本的拉面,量给得足不足暂且放在一边,但是一定要精致,配菜一定要摆放得整整齐齐,仪式感很强。日本的拉面还重视汤头的制作,一个好的汤头可以让一碗面鲜活起来。再次就是配菜的选择,用牛肉、笋干、葱花点缀,吃一口面,再喝三口汤,让你回味无穷。而且吃拉面时一定要发出尽可能大的声音,以表示对厨师的尊重。

这样一对比,你就会发现,虽然同样是拉面,但是不同国家有不同的吃法。我国的饮食文化大气,讲求色香味,而日本的饮食文化讲求精致、美感。下一次吃拉面的时候好好体会一下吧。

二、案例思考题

1. 根据案例,试述我国和日本的"一碗拉面"有哪些差异。
2. 通过案例,思考国家或地区之间的饮食文化差异是如何形成的。

三、案例分析提示

1. 根据案例,试述我国和日本的"一碗拉面"有哪些差异。

首先,是拉面分量的大小。在我国拉面的分量一定是放在第一位的。味道与色泽等其他因素可以先不做考虑。但量一定要够。其实也能体现出我国特有的文化"物美价廉"。同时也能展现出大国风范,凸显出对人"大方"的特点。反观日本拉面,"量"不是最重要的因素,在摆盘方面也与中国拉面呈现出不同方式。日本拉面分量小,但摆盘精致,拉面中的配菜也有摆放的讲究。在中国,以兰州拉面为例,最后的配菜(葱)都是作为点缀出现。随意挥洒,不加修饰。而日本拉面中的配菜也与拉面相当,一定要摆放整齐,凸显出仪式感。而中国拉面体现的是一种随意散发的豪气。

其次,日本拉面注重汤头的制作。日本拉面注重汤的鲜味。众所周知,日本豚骨拉面汤底浓稠,呈现乳白色,以骨头汤为汤底主调。中国的兰州拉面面汤一定要清,呈现透明色调。主要靠后续辣椒油和醋为点缀,增加汤底味道的多样性。

最后,配菜的选择上,日本拉面使用笋干、牛肉等。而中国的兰州拉面配以白萝卜、绿葱,鲜红的辣椒油与辣椒面作为配料出现。味觉和视觉体验上增添了不同的效果,让人食欲大增。同时,在中国吃拉面,是不宜发出声音的,因为我国强调"食不言,寝不语",吃饭时发出声音被认为是不文明行为,这是中国餐桌文化的体现,表现出对厨师以及餐桌上其他人的尊重。但在吃日本拉面时，一定要发出声音，才能体现出对厨师的尊敬。

2. 通过案例，思考国家或地区之间的饮食文化差异是如何形成的。

第一，饮食文化差异是地理环境、气候物产等地域因素的影响而形成的。由于不同的气候条件，世界各地所种植的作物、适合饲养的动物也是不同的，也正因如此，产出的农牧产品也不相同，可以制成的食品也就不相同，促成了世界各地不同地区间人群不同的口味，也正因此才会有多种多样的饮食文化，饮食文化的偏差也就是从此而来。

例如，以日本和中国兰州为例，日本属于温带海洋性气候，同时纬度更低，并且受到季风气候和洋流交汇的影响，四季分明，降水充沛，有利于笋的生长；而中国兰州属于温带大陆性气候，温差大，降水少，气候干燥，这种气候则适合萝卜等喜干旱的作物生长。因此气候条件上的差异带来的就是适合种植不同的作物，从而影响人们的饮食文化。

即使在一个国家，不同地区间的饮食差异也非常大，例如，豆腐脑与粽子的南北差异。在北方的清晨唤醒人们的是一碗咸豆腐脑，而在南方豆腐脑通常以甜豆花的形式出现。粽子在北方通常是白糯米配上蜜枣，在南方通常以肉粽的形式出现。

第二，经济原因也会对饮食文化的差异产生影响。在经济发展较快的国家，生活节奏也会相对加快，往往会盛行快餐文化，如美国的汉堡、日本的便利店便当等。另外，收入高的地区，由于人们不愁吃穿，因此人们开始追求精神方面的享受，体现在饮食方面则表现为他们不追求分量，追求的是精致的摆盘和吃饭的仪式感。

第三，民族、信仰与饮食习俗等因素的影响。例如，日本的料理文化体现在尊重自然的整体饮食文化，日本更擅长将多种新鲜的食材灵活地结合，形成独特的营养均衡、健康的饮食风格。而我国地理面积较大，拥有56个民族，饮食文化的差异非常大。

第三节　课堂讨论案例

案例 7.2　小汽车"开进"你我家

一、案例内容

现如今，小汽车已经进入千家万户，成为人们常见的代步工具。但就在 20 世纪 80 年代以前，对普通的老百姓来说，小汽车还是一个遥不可及的梦。20 世纪 50 年代，北京大街上跑着的小汽车都是公车，且多是国外生产的，例如苏联伏尔加、大吉姆，美国的别克、雪佛兰之类的。可以说，1978 年以前，我国私人汽车的数量几乎为零。

党的十一届三中全会以后，陆续有人揣着大兜"票子"走进汽车贸易公司，询问个人可不可以购买汽车。面对改革中出现的新事物，有关部门向上级请示，得到了"允许购买"的明确指令。至此，在中国这个自行车王国里，私人汽车才真正开始发展，走入了一部分先富裕起来的家庭中。

进入 20 世纪 90 年代，随着人民生活水平的日益提高，北京的普通家庭开始购车。最先进入寻常北京家庭的私家车是经济实惠的各款微型面包车。后来随着环保要求不断提高，微型面包车逐渐淡出首都汽车的大舞台。当时，北京汽车市场上可供选择的国产轿车还不多，仅有桑塔纳、捷达、富康、夏利、奥拓等品牌。进入 21 世纪后不久，小汽车进家庭迎来一个节点性的变化。2001 年，随着我国加入 WTO（世界贸易组织），各类汽车价格大幅度下降。北京机动车增长速度明显加快。截至 2002 年 10 月底，北京市机动车保有量已超过 188 万辆，其中私人机动车为 118 万余辆，私人小汽车为 65 万余辆。截至 2021 年底，北京市机动车保有量达 685.0 万辆，私人小微型客车达到 483.6 万辆。毫无疑问，私家车数量迅猛增加，反映出经济的快速发展和居民生活水平的大幅提高。

现如今，在北京的道路上，奔跑着各种品牌的小汽车。汽车快速进入寻常百姓家，扩大了人们的活动半径，深刻影响了人们的生活方式、工作方式和行为习惯，也折射出这些年来人们的生活发生了质的飞跃。

（资料来源：侯莎莎.小汽车"开进"你我家[EB/OL].[2020-08-12].https：//baijiahao.baidu.com/s?id=16748249656520198868wfr=spider&for=pc. 有改动）

二、案例思考题

1. 根据案例，了解我国汽车消费的发展情况，分析汽车消费增长的原因。
2. 查阅资料，当前我国汽车消费的特点是什么？有什么新的变化？

三、案例讨论提示

1. 根据案例，了解我国汽车消费的发展情况，分析汽车消费增长的原因。

首先，由于我国经济持续增长，人民收入水平不断提高，我国已有相当数量的居民家庭具备购买汽车的消费能力。其次，伴随着收入水平的不断提高，我国轿车的价格也不断下降。轿车价格的不断下降，降低了汽车消费的门槛，具备汽车消费能力的群体快速增加。再次，我国汽车消费环境逐步改善。随着汽车工业作为国民经济发展的支柱产业地位的确定，国家不断实施一系列政策以改善汽车消费环境，积极培育汽车消费市场，先后出台汽车发展产业政策、取消不合理收费规定、放宽汽车消费信贷政策等多项政策。例如，我国持续鼓励新能源汽车的发展，延续免征车辆购置税等政策。新能源汽车补贴的延长、购置税免征的延长在稳定社会预期的同时也提振了市场信心，在一定程度上刺激了新能源汽车的生产和消费。最后，受其他因素的影响。例如，2020年发生了新冠疫情，由于人们对疫情存在一定的忌惮心理，相比于公共交通出行而言，居民更加愿意选择相对安全的自驾出行，这在一定程度上促进了汽车的购买。

另外，我国交通基础设施不断完善，城市公共交通设施日益健全，推动了私家车的快速发展，四通八达、快捷便利的现代交通网络和日益完善的城市交通设施为私家车的快速发展铺平了道路。

2.查阅资料，当前我国汽车消费的特点是什么？有什么新的变化？

当前，我国的人口老龄化快速上升，生育率偏低，青壮年人数减少，或将抑制汽车消费需求。但人口是慢变量，且老龄化引致了增换购需求，人口结构的不利因素对汽车消费的抑制作用整体有限。总体来看，收入水平越高，未来预期收入越高，汽车消费越多，全社会汽车保有量也越多。消费意愿强弱决定了收入转换为消费的程度，其背后是收入分化问题。汽车消费受短期政策影响大，如财政税收、货币政策和限购政策。从长期看，城市道路交通的不断优化，公路网络的深入蔓延，充电桩、换电站等设施的完善，停车位等配套设施的丰富将改善汽车使用环境，对汽车消费形成正向促进作用。

我国汽车消费新的变化体现在：第一，新能源汽车异军突起，与传统燃油车走势形成鲜明对比，新产品层出不穷，销量逆势上扬。同时，私人消费占比大幅提升，市场渗透率显著提高。这让人们看到了新能源汽车市场正在由原来的政策"单轮驱动"向政策和市场需求"双轮驱动"转变；第二，伴随新一轮科技浪潮和数字经济发展，汽车产业和市场的数字化转型正在加速，并且已经深入行业发展的各个领域。在智能网联时代，数字化对汽车产业和市场可持续发展将至关重要。

【实训任务】春节消费习俗及消费热点调研

◆ 1. 实训目的

春节是我国最重要的传统节日之一，庆祝春节已成为当代人们生活中不可缺少的一部分。通过对你所在的城市的春节消费进行调研发现传统消费习俗，以及新的消费热点，增进对本地文化和消费市场的了解，为企业挖掘节日市场、开发适销对路的产品、开展促销活动提供参考。

◆ 2. 实训内容

调研参考以下内容。

◎春节时你所在城市（地区）有哪些传统习俗？

◎春节传统习俗及对消费的影响。

◎选取你身边的"80后""90后""00后"的消费者进行调查，了解他们对春节不同的理解和看法。

◎选取3至5个家庭，了解其春节时购置的年货包括哪些项目，花销情况如何。

◎与春节相关的食品消费、服装消费、娱乐消费、礼仪消费的特征。

◎春节消费热点体现在哪些方面（餐饮/影院/旅游），并提出自己的看法。

第八章

社会环境与消费者心理

本章导读

广义的社会环境是对我们所处的政治环境、经济环境、科技环境、文化环境等宏观因素的综合。显然，本章所分析的社会环境是狭义上的，是指消费者生活的直接环境。有人说"每个人都是社会人"，如果这句话是指每个人是社会的有机组成部分，其无疑是正确的，正如马克思所言："人的本质并不是单个人所固有的抽象物，实际上，它是一切社会关系的总和。"

本章学习社会阶层、社会角色、家庭消费的概念及特征，分析社会阶层、社会角色、家庭消费对消费者行为的影响。

本章案例"英国的那些报纸"指出，不同报纸的阅读者实际上代表了不同的社会阶层。从社会演进来看，家庭是一个社会的基本单元和细胞，家庭对一个人的消费观念、习惯、态度的影响是深远的；当下需要关注家庭结构的变化，案例"宠物——家庭消费中的'新成员'"则描述了作为家庭新成员的宠物对家庭消费的影响。

第一节 理论知识要点

一、社会阶层

（一）社会阶层的概念

社会阶层是指一个社会按照其社会准则将其成员分为相对稳定的不同层次。

（二）社会阶层的特征

1. 地位性

2. 多维性

3. 层级性

4. 限定性

5. 同质性

6. 动态性

（三）社会阶层的划分

1. 社会阶层的影响因素

（1）职业

（2）个人业绩

（3）社会互动

（4）拥有的财物

（5）价值取向

（6）阶层意识

2. 社会阶层的划分方法

（1）单一指标法

（2）综合指标法

（四）社会阶层对消费者行为的影响

1. 不同社会阶层消费者行为的差异

（1）对商店选择的差异

（2）对产品的不同选择

（3）购买数量的差异

（4）信息接收和处理上的差异

（5）对价格的敏感度不同

（6）休闲活动中的差异

2. 同一社会阶层消费者行为的特点

二、社会角色

（一）社会角色的概念

社会角色是指与人们的某种社会地位、身份相一致的一整套权利、义务的规范与行为模式，它是人们对具有特定身份的人的行为期望，它构成社会群体或组织的基础。

（二）社会角色的构成要素

1. 角色权利

2. 角色义务

3. 角色规范

（三）社会角色对消费者的影响

1. 社会角色决定消费者在群体中的地位

2. 不同的社会角色形成不同的社交方式

3. 社会角色决定了消费者的生活方式、消费态度和消费习惯

4. 角色的多样化使同一消费者的购买行为出现差异

5. 社会角色的变化使消费者行为发生改变

三、家庭消费

(一) 家庭结构

1. 传统家庭结构

（1）核心家庭

（2）扩展家庭

2. 新型家庭结构

（1）单亲家庭

（2）单身家庭

（3）重组家庭

（4）丁克家庭

（5）空巢家庭

(二) 家庭消费的特点

1. 家庭是最基本的消费单位

2. 家庭决定其成员的消费方式

3. 家庭影响其成员的消费价值观

4. 家庭成员的结构变化对消费的影响

(三) 家庭生命周期与家庭购买角色

1. 家庭生命周期

家庭生命周期是指一个家庭从建立、发展到结束这一过程所经历的时间阶段，是影响消费者消费倾向变化的重要因素之一。家庭生命周期一般可分为以下几个阶段。

（1）新婚阶段

（2）满巢阶段

（3）空巢阶段

（4）解体阶段

2. 家庭购买角色

（1）发起者

（2）影响者

（3）决定者

（4）购买者

（5）使用者

（四）家庭购买决策

1. 家庭购买决策方式

（1）妻子主导型

（2）丈夫主导型

（3）自主型

（4）联合型

2. 影响家庭购买决策方式的因素

（1）文化和亚文化

（2）角色专门化

（3）家庭生命周期

（4）个人特征

（5）介入程度及商品特点

第二节　教学引导案例

案例 8.1　英国的那些报纸

一、案例内容

尽管互联网的崛起很大程度上冲击了传统媒体，然而英国的报业直到现在还依然坚挺，这源于英国人长期形成的爱读报纸的习惯。地铁上、火车上、餐厅里、酒吧、办公室、家里、超市、大街上到处都有报纸和读报纸的人。

是不是所有英国人都爱读同一种报纸？答案是否定的。暂且不说其他国家发行的报纸，仅英国本国的报纸就有成百上千种。上流社会有上流社会爱读的报纸，中产阶层有中产阶层偏爱的报纸，普通大众和底层人民又有自己心仪的报纸。有人说只要看英国人在读什么报纸，就大概知晓他所处的阶层和社会地位。

例如，《泰晤士报》是英国高端的主流报纸，这家报纸的读者定位为政治家和社会精英，他们通常比较关心国家大事，并且一直致力于打造严肃的形象。《卫报》自我定位为自由民主派的报纸，在欧洲知识界有极大的影响力，英国中产阶层非常青睐《卫报》，因为它传达爱好和平、热爱生活的精神，强调高品质的生活方式和健康的生活理念，与当下英国中产阶层的许多观点不谋而合。《金融时报》的读者多是金融才俊或企业高管。《每日快报》的文章短小精悍，文字通俗易懂，报道内容涵盖了财经、娱乐和社会生活的方方面面，适合普通老百姓和知识分子阅读。而八卦小报，则非《太阳报》莫属了，每天的标题都像打了"鸡血"，什么英国王室家长里短、哪位政治人物开会打瞌睡、艺人绯闻……但是大家也偏爱，《太阳报》的销量长期位居全英第一。

二、案例思考题

1. 根据案例，英国的报纸读者具有什么特点？为什么可以通过一个人读的报纸判断其社会阶层？

2. 在英国，除了报纸外，还有哪些产品具有社会阶层的象征意义？

三、案例分析提示

1. 根据案例，英国的报纸读者具有什么特点？为什么可以通过一个人读的报纸判断其社会阶层？

从案例可知，英国的报纸读者具有相应的特征：（1）从小就养成读报的习惯；（2）何时何地都愿意利用模块时间进行阅读；（3）不同阶层的读者对报纸有不同的偏好和需求。

因此，英国的报纸具有明显的阶级分层的特点，是根据读者的职业、收入、财产、受教育程度和价值取向等多种变量的不同，其所倾向选择的报纸种类不同。这是因为不同种类的报纸其定位的目标群体阶层不同，读者选择的报纸类型表示其关心的社会事件和问题，进而可以推断出其社会阶层。正如案例所言，《泰晤士报》是英国高端主流报纸，选择《泰晤士报》的大多是政治家和社会精英；《卫报》定位是自由民主派的报纸，选择它的大多是爱好和平、热爱生活的英国中产阶层；《金融时报》的读者则大多是金融从业者；《每日快报》的文章短小精悍，文字通俗易懂，覆盖生活方方面面，其读者大多是老百姓和知识分子；《太阳报》是八卦小报，其读者大多是普通大众和底层人民。

根据案例，不是所有英国人都爱读同一种报纸，仅英国本国的报纸就有成百上千种。依据英国人的兴趣和关注点不同，可以将英国报纸分为几类，进而将读者进行归类和划分。通过一个人读的报纸可以判断其所属的社会阶层，这是因为：首先，报纸根据阶层对读者进行定位，并且通过不断的更新和升级，不断打造为英国有影响力和鲜明特点的报纸，成为有鲜明阶层特点的标志性报纸，通过报纸便可以轻易判断出其社会阶层。其次，报纸传达的理念和精神与英国某阶层读者的许多观点不谋而合，吸引该阶层的兴趣，成为该阶层的价值核心和标准，根据报纸的名称可以明确划分其社会阶层。最后，报纸的内容为某阶层的成员专属打造，吸引该阶层成员阅读的同时成为该阶层的标签，毕竟相同阶层的读者对报纸的内容具有相似的需求。

2. 在英国，除了报纸外，还有哪些产品具有社会阶层的象征意义？

很多产品具有社会阶层的象征意义。例如，汽车、房产、服饰、珠宝等。这些产品有的具有精神文化层面的象征意义，有的具有经济层面的象征意义，有的具有身份地位层面的象征意义。高阶层的消费者常把购买活动看作身份地位的一种象征和标志，他们通常是奢侈品的主要购买者，并对一些品牌保持很高的忠诚度。例如：

（1）餐饮食品。社会阶层越高的人在食品的消费上越注重营养搭配，甚至有自己的家庭庄园和厨师，根据自己的口味定制菜肴；中产阶层倾向选择有机食物以及营养丰富的菜品，注重用餐环境等；社会阶层低的消费者大多会选择吃得饱、价格低廉的快餐。

（2）住宅。住宅是身份地位的象征，城市里的底层阶层大多住在密集的城中村、破旧房屋；中产阶级住在治安良好的小区、公寓，更上流的阶层会选择住在环境优美的大住房里，如别墅、高档公寓，室内的装修也更加考究，购买家具、电器多以豪华气派为主。

（3）车。车是很多家庭的标配，也是身份地位、经济地位的象征。不同价格的车的功能差别不大，都是以交通出行为目的。普通群众考虑的是车的性价比，在低价、平价车中选择较为舒适的车型；较高社会阶层考虑的是品牌，以及豪车带给他们的优越感和体验感。

（4）服装服饰。服装服饰是人外在形象的体现，象征着身份地位以及价值观念，普通群众大多购买价格便宜、耐穿、符合大众审美的服装服饰；中产阶层、高级白领会根据场合购买工作套装、晚宴礼服等，日常服饰的购买也体现了对于知名品牌的忠诚度，此外，他们也愿意根据自己的喜好去购买具有不同风格的服饰，来表达其精神层面的追求。

第三节　课堂讨论案例

案例 8.2　宠物——家庭消费中的"新成员"

一、案例内容

如今，在许多城市的小区中，随处可见"遛狗"的人群。由于宠物能给人们带来更多的快乐，帮助现代人排解压力和孤独感，宠物已成为很多家庭中不可缺少的一员。这些宠物不仅包括猫猫狗狗，还有鸟、兔子，甚至乌龟等。根据艾媒咨询《中国宠物主饲养观念调查》显示，新生代已婚家庭成为养宠主流人群，并且 55% 的宠物主将宠物视为孩子；27.8% 的宠物主将宠物视为自己的亲人。80% 的人群将宠物视为家庭的一分子，这说明宠物角色已完成由"看家护院"到"情感陪伴"的重要转变。

事实上，宠物市场已经成为站在风口的大生意。《2021 年中国宠物行业白皮书》（以下简称《白皮书》）显示，2021 年中国城镇犬猫数量为 11235 万只，比 2020 年增长 11.4%。城镇宠物（犬猫）主 6844 万人，比 2020 年增长 8.7%。在消费升级的大前提下，绝大部分养宠物人群都已经把宠物视为家庭重要成员之一，给宠物提供的产品和服务也更加优质而贴心。宠物成为主人们的"四脚吞金兽"，也在不同垂直细分领域催生出巨大的消费市场规模。以犬猫消费市场为例，《白皮书》显示，2021 年全年的市场规模已达 2490 亿元，其中单只犬年均消费 2634 元，单只猫年均消费 1826 元。食物仍是养宠消费的最大支出，同时，医疗消费占比持续提高，洗护、训练、用品等服务品类保持着稳定的消费渗透率，并出现了摄影、保险等全新的消费模式。

一直以来，女性都被认为是消费市场的主力军，"她经济"常年霸占消费榜，与之对应的"他经济"也随着消费结构和消费观念的升级迅速崛起。当我们还在纠结于究竟"男人的钱更好赚还是女人的钱更好赚"时，"它经济"悄然出现了。宠物行业，已经逐渐发展出覆盖宠物衣食住行、生老病死的"它经济"全产业链。其中，据统计，宠物食品消费是最大的养宠支出，营养配比、配料组成、适口性好坏、用户口碑和性价比是宠物主在购买宠物主粮和零食时的主要考量因素。在品牌方面，国外品牌在主粮市场处于优势地位，中国品牌在零食和营养品市场处于优势地位。尽管猫主人更偏爱国外品牌，但对国产品牌信赖度也在逐步提升，一些国产的头部品牌正在形成。专家指出，尽管宠物主粮"国产替代"的美好理想还远远没有实现，但随着国内宠物食品企业对国内市场的开拓，宠物食品企业的投资价值也将越来越高。当前，庞大的宠物数量带来的宠物服务消费市场也不容小觑，例如，某宠物店提供的宠物猫的洗护服务，分为基础洗护、定制洗护、进阶洗护与高档洗护四档，共计20种细分种类，服务价格根据猫主人需求，下至80元，上至近500元。

另外，不可忽视的是宠物类视频内容也展现巨大的市场潜力，在一些社交平台上，"喵星人""汪星人"主人频频分享自家宠物的相关视频往往能吸引众多的"云吸宠"人群。受新冠疫情影响，在线"云吸宠"人群迅速扩张，行业潜在消费者与优质视频的变现能力持续增强，"它经济"蓬勃发展。统计资料显示，超过八成的宠物内容用户对社交媒体上的宠物/动物相关热点话题有较高的关注度，超过六成具有较高的内容分享意愿，并催生了很多经济活动，比如打赏、带货、追求同款等。

可见，随着经济社会的日益发展和繁荣，宠物越来越多地被当作家庭中不可或缺的一员。而随着独居时代的来临，越来越多的年轻人把"吸猫撸狗"当作他们的情感寄托，也成为他们的一种生活方式。

（资料来源：周凯航."它经济"飘红，小萌宠撬动大消费[EB/OL].[2022-06-23]. https://www.163.com/dy/article/HAIPE7SE05345B2A.html. 有改动）

二、案例思考题

1. 根据案例资料，宠物在家庭中扮演怎样的角色？对家庭消费带来哪些影响？

2. 宠物消费体现在哪些方面？宠物消费会给哪些行业带来机会？

三、案例讨论提示

1. 根据案例资料，宠物在家庭中扮演怎样的角色？对家庭消费带来哪些影响？

根据案例资料，宠物在家庭消费中扮演重要的角色，对有宠物的家庭来说，宠物是家庭中不可缺少的一员，就像家人一样。从网上查阅的资料来看，很多人把自家的宠物比喻为"治愈系医生""小保镖""小孩子""黏人精""老朋友"，表达出对宠物的喜爱。

在家庭消费中，宠物逐渐成为日常消费的一部分，其出现不仅使家庭消费的结构改变，消费内容也大大丰富。在情感需求的驱使下，人们比以往更加愿意为宠物寻找更优质的产品服务，宠物的日常支出已经在家庭支出结构中占据重要的比重。从衣食住行到生老病死，宠物行业的规模不断扩大，由此改变了家庭消费的内容。

2. 宠物消费体现在哪些方面？宠物消费会给哪些行业带来机会？

宠物消费主要集中于宠物食物、医疗和用品方面。以宠物品牌 PIDAN 为例，PIDAN 于 2015 年在上海创立，主要经营类目为宠物用品、饲料、服装、鞋帽箱包等，专注打造中高端的猫咪用品品牌。PIDAN 的定位是一家专注为猫创造产品的品牌，生产猫砂盆、猫爬架、猫玩具、猫食品等，基本涵盖猫咪的衣食住行。该品牌通过一系列的公益活动和品牌故事，为消费者提供情感需求。对于新生代主人而言，PIDAN 品牌认为宠物成为他们情感宣泄的出口，"人类之所以需要猫，是因为它可以把你我独处时容易堕入悲伤的情绪，凝固在平静之美中"。PIDAN 秉持"猫为先、公益计划"的品牌主张，成功闯入许多年轻主人的视野。

宠物行业产业链可分为上、中、下游三个部分。上游主要围绕宠物领养和买卖；中游主要包括宠物食品、用品等实物商品市场；下游则涵盖宠物美容、宠物寄养、宠物医疗等服务市场。未来，宠物行业蕴含巨大的市场。从需求侧看，由于我国人口老龄化程度进一步加深，独居人群数量增加，与此同时，居民的消费升级加速，这些都将拉动宠物市场的需求不断增长。除了传统的宠物商品和服务行业，保险等金融行业也出现巨大的市场空缺，另外，短视频平台的发展也催生了宠物类博主和宠物类视频的空前发展，其市场潜力不断释放，使没有宠物的消费者也可以参与宠物市场的消费中，流量经济和超强的变现能力也促使越来越多的宠物主人走上成为博主的道路。养宠物已经成为现代人的生活方式，宠物经济也必将成为行业消费的强势力量。

【实训任务】家庭消费状况报告

1. 实训目的

采用口头访谈的方式，调查你所在的家庭消费状况，了解家庭消费的支出状况，总结家庭消费结构、消费习惯和决策特征等，为科学、合理制定家庭消费决策献计献策。

2. 实训内容

调查内容包括以下方面。

◎家庭月收入状况。

◎家庭月支出状况，包括食品、住房、购置衣物、交通通信、生活用品、日常交际、学习教育、娱乐旅游等。

◎家庭消费决策情况，由谁来决定购买，家庭角色的分工。

◎你是否参与到家庭消费决策中，影响力有多大，体现在哪些方面。

◎归纳你的家庭消费主要受哪些因素影响。

◎总结你的家庭消费总体特征，并完成调研报告。

第九章

产品与消费者心理

本章导读

　　产品是用来满足消费者需求的物品。这类物品范围很广，且有可能是无形的。产品有多种功能和属性，如果说产品只是解决了消费者的某个问题，并不能完全解释产品的含义，消费者更愿意通过产品表达某种意义、实现某种目的。

　　本章学习产品、新产品、品牌、包装的概念，了解产品功能与产品属性，熟悉新产品的购买者类型及推广策略，重点掌握品牌的作用和功能，掌握产品命名、品牌和包装对消费者的重要影响。

　　案例"你多久换一部手机"分析了影响手机使用寿命的因素以及吸引消费者购买的新手机的特征。案例"宝格丽：与蛇共舞"描述了宝格丽以蛇作为品牌识别元素赋予品牌文件基因，以独特的造型吸引顾客。

第一节 理论知识要点

一、产品特征与产品命名

（一）产品特征

从营销的角度看，产品是指能够提供给市场、被人们使用和消费、并能满足人们需求的任何物品，包括有形物品和无形服务。

产品特征就是产品自身构造所形成的特色，是影响消费者认知、情感和行为的主要刺激物。这些特征凭借消费者自身的价值观、信仰和过去的经验来综合评价，一般指产品的功能、属性、质量、商标和包装等特征。

（二）产品功能与属性

1. 产品功能

产品功能是消费者从购买的产品中获得的功能和效用。产品功能总是通过一定的具体形式反映出来。随着消费观念的提升和买方市场的出现，消费者除了考虑产品功能外，产品的质量、造型、颜色、品牌等外在形式在很大程度上也影响着人们的消费决策。

2. 产品属性

产品属性是指产品本身所固有的性质，是产品在不同领域差异性的集合。

产品在每个属性领域表现出的性质不同，在产品运作过程中所起的作用、地位、权重均不同，呈现在消费者面前的产品就是这些不同属性共同作用的结果。

（1）感性产品和理性产品

基于消费者情感来评价的产品就是感性产品。

基于产品属性来评价的产品就是理性产品。

（2）感知属性和根本属性

感知属性是指消费者在视觉上容易辨认的大小、形状、颜色、价格等产品的特征。

根本属性不一定是从消费者视觉上辨认的，还需要消费者在产品的使用体验经历中获得，这也被称为经验性特征。

（3）功能属性和享受属性

功能属性是指从购买产品中获得的实际价值或利益。

享受属性主要是从购买产品中获得的愉快的体验或精神的价值。

（三）产品命名对消费者的影响

1. 产品名称的重要性

首先，消费者在接触到产品前会通过产品名称来判断产品；其次，一个好的名称可以提前吸引消费者的注意；再次，消费者对产品的认识和记忆一定程度上依赖产品的名称；最后，一个简洁明了、引人注目、富有感染力的名称，不仅可以使消费者了解产品，还会给其带来美的享受，从而刺激消费者的购买欲望。

2. 产品命名的心理要求

（1）名实相符

（2）便于记忆

（3）引人注意

（4）激发联想

（5）避免禁忌

3. 产品命名的营销策略

（1）以产品的主要效用命名

（2）以产品的主要成分命名

（3）以制作工艺或制造过程命名

（4）以产品的产地命名

（5）以人名命名

（6）以产品的外形命名

（7）以吉祥物或美好事物命名

（8）以色彩命名

（9）以外来词命名

二、新产品对消费者的吸引力

（一）新产品的特点

新产品是指采用新技术原理、新设计构思研制而成的全新产品，或是在结构、材质、工艺等某方面比原有产品有明显改进，从而显著提高了产品性能或增加了使用功能。

1. 新产品的类型

（1）连续创新产品

（2）动态连续创新产品

（3）非连续创新产品

2. 新产品的特点

（1）适应性

（2）简易性

（3）可试用性

（4）可传达性

（二）新产品购买者类型

1. 最早购买者

2. 早期购买者

3. 早期大众

4. 晚期大众

5. 落后者

（三）新产品的推广策略

新产品上市之初，消费者对新产品比较陌生，通常缺乏安全感。因此，企业采取的策略应是介绍和宣传新产品的性能、效用、使用方法、售后服务等，来消除消费者心理上的障碍，并使其尽快熟悉新产品。

在新产品的成长期，企业的推广策略是做大量的广告，表明产品利益的重要性，并使用消费者愿意接受的方式，宣传使用新产品后形成的消费习惯、消费方式有何优越性、合理性等，使消费者清楚地了解到使用新产品后能为自己带来的好处。

在产品成熟期，企业需要继续采用快速增长的策略。

三、品牌与消费者行为

（一）品牌的功能

1. 识别功能

2. 象征功能

3. 保护功能

4. 增值功能

5. 促销功能

（二）消费者的品牌忠诚

1. 品牌忠诚度的测量

（1）消费者重复购买次数

（2）消费者的购物时间

（3）消费者对价格的敏感程度

（4）消费者对竞争产品的态度

（5）消费者对产品质量问题的态度

2. 消费者的品牌忠诚类型

（1）忠诚购买者

（2）情感购买者

（3）满意购买者

（4）习惯购买者

（5）无品牌忠诚者

（三）品牌对消费者行为的影响

1. 品牌视觉形象对消费者行为的影响

2. 品牌定位对消费者行为的影响

3. 品牌个性对消费者行为的影响

4. 强势品牌对消费者行为的影响

四、包装与消费者行为

（一）包装的构成及其功能

包装是在流通过程中为保护产品、方便储运、促进销售，按一定的技术方法所用的容器、材料和辅助物等的总体名称，也包括为达到上述目的，在采用容器、材料和辅助物的过程中施加一定技术方法等的操作活动。

包装一般有主要包装、次要包装和运送包装三个层次。

1. 包装的构成要素

（1）商标或品牌

（2）包装形状

（3）包装颜色

（4）包装图案

（5）包装材料

（6）产品标签

2. 包装的功能

（1）实现产品价值和使用价值，设计包装是增加产品价值的一种手段；

（2）保护产品，使产品免受日晒、雨淋、灰尘污染等自然因素的侵袭，防止挥发、渗漏、融化、污染、碰撞、挤压、散失以及盗窃等损失；

（3）给装卸、盘点、码垛、发货、收货、转运、销售计数等流通环节的储、运、调、销带来方便；

（4）美化产品、吸引消费者，有利于促销。

（二）消费者对包装设计的要求

1. 方便与实用的心理

2. 安全和保障的心理

3. 求新和求美的心理

4. 安全与环保的心理

（三）包装的心理策略

1. 根据消费者的年龄和性别，设计有个性特色的产品包装

2. 根据消费者的消费水平，设计不同档次有别的产品包装

3. 根据消费者的消费习惯，设计方便实用的产品包装

第二节　教学引导案例

案例 9.1　你多久换一部手机

一、案例内容

关于多久换一部手机，相信很多人都有不一样的见解。在功能机时代，很多手机的使用寿命往往达到五年甚至更长。不过到了智能机时代，随着手机性能的飞速发展，手机的寿命似乎开始出现大滑坡。统计公司数据显示，现在智能手机的更换周期一般在两年左右。

智能手机的使用寿命变短的原因有两个。一是智能手机因为集成了更多的硬件，更多的硬件和更强大的性能让手机需要更多的电力供应，而偏偏智能手机走上了轻薄化和大屏幕之路，这加剧了手机电量不够用的问题，手机充电次数也变得更加频繁，从功能机时代的一周一充变成一天一充甚至频率更高，电池不耐用就成为更换手机的重要原因。二是新手机的发布越来越频繁，苹果官方的建议是三年更换一部iPhone，而Android手机一般用两年就需要更换。在过去几年里，iPhone基本上每年9月左右发布新一代旗舰机型。而Android阵营有数家手机制造商，每年多个时间点都有全新的智能手机发布，Android用户可以随时购买新机。更有意思的是，每一部新Android手机的问世，总是有新鲜的功能卖点，厂商会对其进行大量的营销宣传，从而吸引消费者购买新手机。

所以，是否换新手机已经不仅仅取决于手机的寿命，还要看消费者的经济能力和个人喜好。对于很多精于理财又讲究的消费者来说，年年换新手机也根本不是事儿。

二、案例思考题

1. 根据案例，影响手机使用寿命的因素有哪些？
2. 查阅资料，分析新手机的哪些特征会吸引消费者购买。

三、案例分析提示

1. 根据案例，影响手机使用寿命的因素有哪些？

正如案例所阐述的，现如今，手机似乎已经成为"快消"产品。消费者并不把耐用作为购买手机的首选项，而手机的使用寿命也同步在缩短，根据案例，影响手机使用寿命的因素有以下几个方面。

（1）手机产品自然损耗。包括手机自然的磨损、损坏，手机产品设计款式落后，以及手机电池的消耗等。（2）手机功能的开发。以前，手机的主要功能为通信功能，人们使用手机基本上只打电话、发短信，手机还没有渗透到人们生活的方方面面，所以手机充一次电可以使用一周左右，一部手机的使用寿命也长达五年。但随着科技的飞速发展，手机研发的目的不再是耐用，而是如何把手机的功能开发得更丰富、更多元。手机的通信功能不断更新，并且还加上了娱乐功能，层层功能叠加。但是手机的电池研发却跟不上手机更新换代的速度，手机的使用寿命急剧下降。各大品牌争先恐后地推出新产品，一年出一部带有新功能的手机已经不足为奇，更多的精力也不再放到手机使用寿命的保障上。（3）消费者个人的经济能力。功能机时代，人们的手机通常是用到手机报废再购买新机，因为一部手机的价格很昂贵，频繁更换新机是一件很奢侈的事情。现在，随着人们消费能力的提升，即使现有的手机还能够使用，甚至并未出现功能问题，人们也会购买自己心仪的新手机，而旧手机就不再使用。（4）与消费者个人喜好有密切的关系。随着手机的新功能不断出现，人们总是想要第一时间尝鲜，追求潮流，进而跟上手机"快时代"的步伐。这也导致了手机的使用寿命不断缩短。

2. 查阅资料，分析新手机的哪些特征会吸引消费者购买。

手机作为日常生活中陪伴人们时间最长的科技产品，人们对它的要求也越来越高。

首先，手机需要有新的功能和外观，比如采用了新技术原理、新设计构思的全新产品，或在结构、材质、工艺等某方面比原有手机有明显改进，从而显著提高了手机性能或增加了使用功能。这些新产品要做到不同于以往，从而吸引消费者的注意。其次，性价比高，商家要合理地考虑定价，从而广开销路。再次，手机的品牌价值不可忽视，如案例所提到的苹果手机。苹果手机的粉丝被人们称为"果粉"，以此来形容热衷苹果产品的数码用户，这群"果粉"大部分是从使用 iPhone 开始，通过对苹果产品的情感认同再延伸到消费苹果的个人计算机 Mac、音乐播放器 iPod 以及平板电脑 iPad，同时再用这种对苹果产品的认可去带动周围的人群。因此，发挥手机的品牌作用不可忽视。

最后，售后服务也是吸引消费者的一个关键因素，售后服务是对产品的保障，好的售后服务能够使消费者更加信任该品牌，促进其产品的购买。如果一部新手机在发布时宣称，将在消费者购买后三年内对手机的所有功能进行全面保障及维修，并且对老用户更优惠，一定会吸引一些追求性能、生活节俭的消费者去购买，从而形成一批该品牌的忠诚消费者。而消费者也会因为想要得到优惠及手机的售后保障对该品牌手机格外关注。

第三节　课堂讨论案例

案例 9.2　宝格丽：与蛇共舞

一、案例内容

提到宝格丽，相信很多人都会首先想到灵蛇。的确，这种魅惑而神秘的动物俨然已经成为宝格丽的代名词。而以灵蛇为名的 Serpenti 不管是被运用到珠宝、配饰还是腕表上，都会大获成功，成为抢手货。

宝格丽（BVLGARI）是意大利著名的奢侈品品牌，属 LVMH 集团，由索帝里欧·宝格丽（Sotirio Bulgari）于 1884 年创立。根据官网上的介绍，宝格丽旗下产品主要有珠宝、腕表、皮具、配饰、香水、主题酒店等。

希腊神话中，蛇扮演着象征生命的重要角色，常代表疗愈、死亡与重生。蛇与土壤以及从土壤中溢流出的水形成一个象征体系，在其中蛇具有不朽的意义，也因此代表着大地所蕴含的生命力。最显著的象征，便是希腊神话中的酒神 Dionysus 与医神 Asclepius。古希腊将 Asclepius 尊为医疗之神，其代表符号是双蛇缠绕的手杖，那时人们相信蛇的蜕皮象征着重生、生殖、疗愈，以及地底深处所释放的力量。古希腊人相信，只要睡在供奉 Asclepius 的祭坛上，就可以治愈任何疾病。蛇是如此危险而迷人，但蛇身的高度流线，以及鳞片的层层堆叠，对珠宝工匠而言，可是一大挑战。宝格丽将蛇的形体演绎得淋漓尽致。

从 1940 年起，宝格丽率先将灵蛇形象运用到腕表设计中，从此，蛇成为宝格丽的品牌象征之一，其蛇形腕表成为旗帜性作品。其中一款特别定制的蛇形腕表杰作属于伊丽莎白·泰勒，这款腕表在伊丽莎白·泰勒 1962 年拍摄《埃及艳后》时一直缠绕在她的手腕，蛇头化作表盘，而蜿蜒的身体则化作表带缠绕在手腕上。这款Serpenti蛇形手镯，卷曲的蛇身镶嵌鹅蛋梨形翡翠，蛇的眼睛位置镶嵌鹅蛋红宝石，头及尾部镶嵌圆形切割及橄榄形钻石，惊艳众生。如今，Serpenti灵蛇系列已经成为宝格丽的经典代表作，而且被演绎出千万种变化。

在宝格丽的Serpenti腕表系列里，无论你偏爱时尚百搭的日常款、璀璨华贵的奢华款还是秀外慧中精密复杂的机械款，都能找到心仪的那一款。同样，直至今天，举世皆知的蛇形传奇设计仍持续向完美巅峰攀登，它缠绕依偎于肌肤之上，温柔而不失缱绻；它神秘魅惑，时时闪耀……作为宝格丽的标志性象征，Serpenti系列巧妙演绎着宝格丽的品牌创意精神，其每一次的蜕变均展现出创新变革的神秘力量，为这家发迹于罗马的古老珠宝公司，继续写下最瑰丽的史页……

二、案例思考题

1. 结合品牌的概念，分析宝格丽为什么以蛇作为品牌识别元素。
2. 结合案例，分析品牌形象化对消费者心理和行为的影响。

三、案例讨论提示

1. 结合品牌的概念，分析宝格丽为什么以蛇作为品牌识别元素。

品牌是指一个词、名称或符号等，尤其是指制造商或商人为了在同类产品中区别出自己产品的特色而合法注册的商标，通常十分明显地展示于商品或广告中。从消费者的角度来看，品牌是指消费者对产品及产品系列的认知程度，是人们对一个企业及其产品、售后服务、文化价值的一种评价和认知。当人们想到某一品牌的同时会想到某一个图案、一种色彩，或者将其与一种文化、时尚、价值联想到一起。如今，品牌已是一种产品或一个企业综合品质的体现和代表，当一个品牌被市场认可并接受后，品牌才产生其市场价值。

蛇在希腊神话中是象征生命的重要角色。除此之外，蛇的形象危险又迷人，线条高度流畅加上有宝石点缀，足以惊艳众生。宝格丽以蛇作为品牌识别元素，一方面借助希腊文化底蕴，赋予品牌文化基因；另一方面以独特的造型吸引顾客，通过电视剧等走入大众视野，容易让人产生联想和记忆。当然，蛇形突出线条的优美、做工的精密，也会凸显宝格丽品牌变革和创新的力量，更有助于品牌长久发展。

2. 结合案例，分析品牌形象化对消费者心理和行为的影响。

品牌形象化是在消费者的视觉上形成品牌的定位和聚焦，通过色、香、味、触、听来塑造品牌的调性，赋予品牌生动具体的图案、造型或人物，有利于消费者迅速捕捉到品牌的"catch point"（接触点），可以有效触发消费者的消费欲望，使形象化的品牌在与消费者的互动、沟通中潜移默化地传递品牌理念。

因此，企业或品牌要基于品牌自身，设计或者选择适合的形象，比如宝格丽的蛇、卡地亚的豹子和宝诗龙的猫等，都是非常鲜明的形象。当然，品牌也要注意品牌价值观的传递，从精神上、心理上给消费者带来愉悦感和满足感，满足个性化的需求，因为每一种特定商品背后代表的是消费者的情感需求和文化需求，而不是仅仅强调产品本身的实用性，需要让消费者满意并怀有继续使用产品的欲望，由此促进消费行为的产生和维持。

【实训任务】手机使用及消费状况调查

◆ 1. 实训目的

采用观察法和访谈法，调查大学生的手机消费状况，了解大学生对手机产品的心理需求，获取大学生对手机产品的了解和使用情况，为手机品牌开拓市场提供建议。

◆ 2. 实训内容

随机选取所在学校学生50人以上进行调查。调查内容包括每天使用手机的时间、手机使用寿命、手机使用场景；手机消费档次、购买手机原因、手机的品牌偏好、手机品牌满意度、购买关心要素、选购手机意向、影响购买手机的因素等，对调查所得的资料以及数据进行统计分析，得出结论、提出建议，形成调研报告。

第十章

价格与消费者心理

本章导读

有人说，世界上有两件最难的事：一是把别人的钱装进自己的口袋，二是把自己的思想装进别人的脑袋。仔细想想，价格是消费者为得到某种商品付出的代价。一般来说，消费者认为高价不是好事，因为意味着付出的代价更高。这样看来，低价更让消费者满意。但事实是这样吗？另外，很多消费者对价格非常敏感，他们热衷于讨价还价，喜欢打折促销，这为企业寻求销售之道提供了思路。

本章学习价格的心理功能，分析消费者的价格心理，学习定价的心理策略及价格调整策略，以及价格变动对消费者心理和行为的影响。

案例"新'十元店'——名创优品""无印良品的'新定价'活动"均是通过价格影响消费者购买行为的例子。

第一节 理论知识要点

一、价格的心理功能

(一)价值认知功能

现实生活中,消费者通常不具备鉴定每一种商品价值和质量的能力,因此会把价格高低作为衡量商品价值大小和品质优劣的尺度。

(二)自我意识比拟功能

1. 社会地位的比拟

2. 文化修养的比拟

3. 气质、性格、能力等方面的比拟

(三)调节需求功能

由于供求规律的作用,消费需求量的变化与价格变动呈相反的趋势

二、消费者的价格心理

(一)习惯性心理
(二)感受性心理
(三)敏感性心理
(四)倾向性心理
(五)逆反性心理

三、定价的心理策略

(一)新产品定价的心理策略

1. 撇脂定价策略

2. 渗透定价策略

3. 满意定价策略

（二）商品销售中的价格策略

1. 尾数定价策略

2. 整数定价策略

3. 分档定价策略

4. 声望定价策略

5. 招徕定价策略

6. 折扣定价策略

7. 差别定价策略

8. 组合定价策略

（三）价格调整的心理策略

1. 消费者对价格调整的心理反应

（1）消费者对调低商品价格的心理反应

（2）消费者对提高商品价格的心理反应

2. 价格调整的心理策略

（1）商品降价的心理策略

（2）商品提价的心理策略

第二节　教学引导案例

案例 10.1　新"十元店"——名创优品

一、案例内容

十几年前，在街头巷尾总看到一些小杂货店，店里的商品统一零售价为 10 元，不找零、不还价，由于价格实惠、购买方便，受到了老百姓的欢迎，人们把这样的店称为"十元店"。如今，这样的"十元店"渐渐从市场上消失，但是另外一种开在购物中心里的类似店铺越来越多，它们有统一的品牌、标准化的商品和低廉的价格，号称新"十元店"。

新"十元店"中最具代表性的就是名创优品（MINISO）。名创优品在 2013 年开了第一家店，截至 2020 年 6 月，已在全球开了 4222 家门店。名创优品销售的商品涵盖日常生活的方方面面，如指甲油、香水、牙刷、面膜、帆布包等，而且均物美价廉，一包棉签 9.9 元，一盒卸妆棉 10 元，一瓶精油 29.9 元……近 50% 的商品价格为 10—49 元，而且同样品质的商品价格可能只是其他商店的 1/4。

为了刺激消费者购买，2016 年，名创优品先后和 Hello Kitty、飞天小女警、芝麻街等十几个全球 IP 达成合作，推出了覆盖全品类的各种 IP 联名产品。2019 年，名创优品宣布和漫威、故宫宫廷文化的官方合作，共同推出各种优质低价的周边产品，引发了各地粉丝的抢购热潮。联名商品不仅种类多、"颜值"高，价格也亲民。当然，一个不争的事实是，名创优品中的商品变贵了，花 10 元能买到的商品越来越少，有人说名创优品已不是人们印象中的"十元店"了，少数高单价商品为 699—999 元。在名创优品天猫官方旗舰店，最贵的商品为一款标价为 999 元的行李箱。正如其提出的新口号："只相信美好生活，就是与价格无关。"

二、案例思考题

1. 你是否购买过名创优品的商品？其商品和价格具有什么特点？

2. 为什么名创优品能保持低价？如果名创优品提高了价格，你认为它是否还拥有同样的竞争力？

三、案例分析提示

1. 你是否购买过名创优品的商品？其商品和价格具有什么特点？

名创优品的商品特点有：一是种类很全面，主要为生活小商品。如案例所说，它包含指甲油、香水、牙刷、面膜、帆布包等，通过丰富的品类可以吸引消费者到店的频率。二是商品上新速度很快，可以增加消费者的逛店频率。三是商品质量较优且实用性强。虽然名创优品的产品品类丰富，但是标准化的商品、统一的品牌都使消费者认为其商品质量较优，会选择再次回购。

名创优品的产品价格较为低廉。在名创优品，10 元价格的商品比比皆是。正如案例所阐述的，名创优品近 50% 的商品价格为 10—49 元。对于同样品质的商品，名创优品售卖的价格可能只是其他商店的 1/4。低价可以辐射更大的消费群体，从而提升销量。

同时，名创优品对商品的定价往往以"9"结尾，比如"19"或"29.9"等。通过这样的定价，会令消费者觉得自己买到了便宜商品，增加购买量。

总之，名创优品的特点是商品多、低单价、实用性强、产品更新速度快。当人们逛店时，看到喜欢的商品可能就会买几件，同时由于它的单价低，买多了也不会心疼。

2. 为什么名创优品能保持低价？如果名创优品提高了价格，你认为它是否还拥有同样的竞争力？

从相关资料来看，一方面，名创优品采取以量定价、摊薄成本的方法，在选择好优秀供应商后,开始大规模采购原材料,同时通过买断的方式让采购成本大大降低。营销推广方面也尊崇零成本,让商品的成本和价格达到较低标准,从而激发消费者的购买欲望。另一方面,名创优品具有自有品牌,无须建立代理或外包。当名创优品的产品设计完成后,在全球范围内进行招标,并选择性价比最高的商家,由其负责产品的生产。规模化的采购产品有效降低了产品价格。

如果名创优品提高了价格,可能会降低现有的竞争力,不过从其品牌形象打造上来说,适当提高价格也可以令消费者渐渐接受,保持它在市场上的竞争力。

首先,它树立了良好的品牌形象。近几年它与多个 IP 达成合作,推出 IP 联名款,吸引消费者,引发了各地粉丝的购买热潮。

其次,它的门店规模扩大,同时也提出了新的品牌口号"只相信美好生活,就是与价格无关"。通过新的品牌定位转型,名创优品可能会升级为包含更大价格区间的品牌。

但是,消费者可能会对突然提高商品价格有所反应,一般会造成需求减少,影响商品销售。基于名创优品过去的优质低价策略,突然的提价可能会使部分消费者产生不满心理。总之,对于名创优品来说,提价是否会影响它的竞争力还有待商榷。但是商品提价一定要把握好时机,保持其品牌的核心竞争力。

第三节　课堂讨论案例

案例10.2　无印良品的"新定价"活动

一、案例内容

2015年2月，无印良品的官方公众号发布了一篇文章：无印良品在2014年10月精选了约百种生活必需品，进行价格调整；并于2015年初又精选了多款服装商品，展开新一轮的"新定价"活动。

"新定价"活动实质就是降价。但是不得不说，无印良品的这篇文章不仅让降价本身变得清新脱俗，而且还顺势为品牌做了一波宣传，让消费者觉得这只是无印良品的让利活动。

2016年1月，无印良品的官方公众号又发布一篇文章：让更多客户可以更方便，用更优惠、更贴心的价格选购无印良品的商品，获得更多美好生活。

没错，这次的理由是为消费者的美好生活而开展"新定价"活动。随后的2017年和2018年，也基本上沿袭"为美好生活而新定价"的思路，只是稍微做了一些调整。2017年降价的理由是，让顾客在需要的时候用合适的价格买到合适的商品。2018年的理由是，生活还在继续，改良也在继续。也就是说，尽管每年给"新定价"找的理由都各不相同，但实际上不过是噱头而已。在无印良品看来，降价的原因不重要，重要的是姿势一定要优雅。

到了2019年，无印良品在"新定价"上又发明了一个新词——"价格的重新审视"。简单来说，就是从2019年1月18日开始，无印良品对那些明星商品的价格进行新的审视，希望更好的商品以更合理的价格传递到消费者手里。

无印良品对于"新定价"的官方解释是：1.降低了进口关税。由于无印良品直接选择在中国生产货物，这样就不需要关税；同时中国与部分东南亚国家签订了特惠关税合约，使得从这些地方进口的货物关税也更低了。2.高效的库存管理。无印良品通过更高效的库存管理办法，减少了配货的烦琐流程，降低了流通环节的成本。3.扩大了生产规模。由于订单数量的增长，工厂能够以更低的生产成本进行生产。

但事实是2015年之前，无印良品在中国市场一路高奏凯歌。但是进入2016年后，以名创优品和网易严选为代表的新时尚品牌先后诞生，前者主打线下，后者则以线上为突破口。无印良品在中国遭遇到强劲的竞争对手。

2021年4月12日，无印良品开始了新一轮调价，部分商品的降价幅度达1000元，调价商品涉及沙发、日用品、扫除用品、厨具等。对于商品降价的原因，无印良品中国总部表示，"为了能够让人们更轻松入手生活中高频率使用的商品，无印良品一直不断地对价格进行重新审视，力求以平实的价格，还原商品的价值"。不可否认的是，由于受到竞争的影响，无印良品的营业额已经在走下坡路，或许此次"新定价"的目的是在短期内提升无印良品的销售额，来减轻目前所面临的经济困境。

自2014年以来，无印良品已经进行了十余次降价，但无印良品从未承认自己的"降价"行为。无印良品的"新定价"更高级、更艺术，有人称赞其高明，也有人认为这一举措会稀释无印良品的品牌价值，会给无印良品带来更大的隐患，毕竟在中国市场，消费者如今拥有的选择实在是太多了。

二、案例思考题

1. 根据案例，为什么无印良品从未承认自己的"降价"行为？
2. 为什么案例的标题是"无印良品的'新定价'活动"？你如何理解降价是"艺术"的说法？

三、案例讨论提示

1. 根据案例，为什么无印良品从未承认自己的"降价"行为？

对于消费者来说，价格并不只是一个个数字，消费者对价格会有更多的解读。从心理学的角度来看，价格具有价值认知功能、自我意识比拟功能等，当商品"降价"时，消费者可能会判定是商品价值的降低，或者意味着这个商品已经不具备衡量自己的品位、地位或文化素养等的功能。也就是说，降价导致价格的社会象征意义在降低或消失。因此，任何一个品牌都要小心自己的降价行为带来的负面心理效果。案例中，无印良品从不承认自己的"降价"行为，而是将其实质上的降价称为"新定价"活动，可以在一定程度上避免降价对品牌形象的影响。

另外，对于"新定价"，无印良品官方给出的解释是降低了进口关税，选择在中国生产，提高了库存的管理效率，从而使得订单数量增长，生产价格和成本大大降低，扩大了生产规模，也能让人们更轻松地购入高频使用的商品。对于消费者来说，这样的解释也是必要的，让消费者对价格背后的品牌行为有了一定的了解，感觉到"新定价"行为的合理性，对品牌多了一份信任和好感。而且，对自己降价行为的定义是"新定价"活动，还有利于品牌的宣传。

2. 为什么案例的标题是"无印良品的'新定价'活动"？你如何理解降价是"艺术"的说法？

无印良品给消费者的印象一直都是"冷淡""极简""品位"等，如果要利用这个形象占据市场，那么一系列的营销方案都是要和品牌相匹配的。通过解读无印良品最近五年的 Slogan 变化，我们可以很清晰地感觉到一个"会说话"的品牌，哪怕它是为了降价，也可以把话说得很漂亮，维护了企业形象。降价的姿势一定要优雅，当然其中体现出品牌定价的"艺术"，根据不同的时间和情境来决定降价的方式和内容。

根据案例，2017 年无印良品的新定价理由是让顾客在需要的时候用合适的价钱买到合适的商品。2018 年的新定价理由是，无印良品的商品不会因为上市就画上句号，品牌会持续检视商品的开发及设计，来改善商品或对商品的价格进行重新审视。Slogan 承接了 2016 年的"生活"，表明美好仍在继续。并且在句子的后半部分强调"改良也在继续"。这样向消费者传达了品牌自我思考和持续改进的信号。2019年无印良品对"价格的重新审视",2021年的"一直不断地对价格进行重新审视",都让消费者感觉到品牌的不断改进。

随着我国日化用品市场规模的逐渐扩大,以及消费环境的变化,尤其是新一代消费者越来越理性,无印良品的"极简"产品又是否能因降价而获得生机,这需要无印良品下一番功夫才能给出答案。

【实训任务】牛奶价格及消费状况实地调查

◆ 1. 实训目的

以某牛奶品牌(如伊利)为例,去学校附近两家商场实地调查该品牌牛奶的销售价格,以及消费者购买牛奶的情况,并分析该品牌的营销策略。

◆ 2. 实训内容

具体调查内容包括以下方面。

◎该品牌牛奶包括哪些系列产品(全脂/脱脂/半脱脂)(鲜牛奶/纯牛奶/高钙奶/早餐奶)……这些产品的价格差异情况。

◎不同商场所售的该品牌牛奶产品的价格是否相同。

◎在同一商场该品牌牛奶价格间差异的主要影响因素。

◎不同商场的该品牌牛奶价格间差异的主要影响因素。

◎调查消费者主要购买某类牛奶的原因是什么。

◎消费者购买牛奶的时间间隔。

◎消费者一次性购买牛奶的数量。

◎消费者对该品牌牛奶的心理价格标准。

◎一天中哪个时间段是购买牛奶的高峰期。

◎调查分析该品牌公司在两家商店采取的营销策略。

◎对调查结果进行总结分析,提出建议,形成调研报告。

第十一章

销售场所与消费者心理

本章导读

消费者的购买行为发生在特定的地点、时间和环境,企业的产品或服务也需要通过一定的方式呈现给消费者,"买"和"卖"交集的地点发生在各种各样的销售场所。传统上,销售场所就是指各类商场,但是如今企业的销售场所可以扩展到网络。

本章讨论的销售场所是指实体型商店。主要学习周边环境、建筑特征、门面与招牌、橱窗设计对消费者行为的影响,学习商店布局、商品陈列、色彩与音响、气味与灯光、温度与湿度等因素和消费者行为的关系,了解销售服务的类型和服务项目,学习怎样处理销售服务中的冲突与投诉。

阅读"宜家家居——进入'危险的仙境'"案例时,你会领略到宜家家居在商店布局和设计方面的智慧。案例"灯光怎样'忽悠'我们的大脑?"可见商家为吸引消费者,可谓用心良苦。当然,这种"忽悠"应该是以保证产品的质量为前提。

第一节　理论知识要点

一、销售场所外部环境与消费者行为

销售场所主要是指各类商场，包括百货商店、购物中心、专卖店、超级市场等。销售场所外部环境主要包括周边环境、建筑特征、门面与招牌、橱窗设计等。

（一）周边环境

1. 交通状况
2. 商圈特点及规模
3. 停车位

（二）建筑特征

（三）门面与招牌

1. 门面设计

（1）封闭型

（2）半开型

（3）全开型

（4）特色型

2. 招牌设计

（1）新颖别致

（2）反映主营的商品和经营特色

（3）招牌命名易读、易记，便于记忆与传播

（四）橱窗设计

1. 突出展示商品的品质和特征

2. 塑造橱窗整体美的形象

3. 既要全面考虑又要灵活多变

二、销售场所内部环境与消费者行为

（一）内部布局

1. 空间布局

（1）格子式布局

（2）岛屿式布局

（3）自由流动式布局

（4）环形布局

2. 卖场通道

3. 动线设计

（二）商品陈列

1. 商品陈列的原则

（1）易看

（2）易接触

（3）易选

2. 商品的陈列方法

（1）分类陈列法

（2）主题陈列法

（3）季节陈列法

（4）整体陈列法

（5）大量陈列法

（6）特写陈列法

（三）色彩与音响

1. 色彩

2. 音响

（1）发挥背景音乐的作用

（2）慎用"大喇叭"

（3）巧用特殊声音

（四）气味与灯光

1. 气味

2. 灯光

（1）基本照明

（2）特殊照明

（3）装饰照明

（五）温度与湿度

三、销售服务与消费者行为

（一）销售人员的仪表

（二）服务类型和服务项目

1. 服务的主要类型

（1）按售货过程的阶段分类

①售前服务

②售中服务

③售后服务

（2）按投入的资源分类

①物质性服务

②人员性服务

③信息服务

④资金信用服务

（3）按消费者需要分类

①方便性服务

②伴随性服务

③补充性服务

2. 主要服务项目

（1）商品的退换

（2）商品的维修

（3）包装服务

（4）送货与安装服务

（5）快递邮寄服务

（6）儿童托管

（7）提供休息室

（8）形象设计服务

（三）服务中的冲突与投诉处理

1. 冲突产生的原因

2. 消费者的投诉心理

（1）求尊重的心理

（2）求补偿心理

（3）发泄心理

3. 对消费者投诉的处理

（1）认真倾听，保持冷静

（2）表明同情，诚恳道歉

（3）及时处理，有始有终

第二节 教学引导案例

案例 11.1 宜家家居——进入"危险的仙境"

一、案例内容

如果你开车经过北京的北四环路，很容易就被路边一座蓝色建筑物吸引，这就是瑞典宜家家居（IKEA）四元桥店。宜家家居的蓝色建筑及其建筑物上的 IKEA 黄色标志非常醒目，而且由于其地处车流量大的北四环路北侧，再加上与首都机场高速交界，地理位置优越，吸引了大批前来购物的顾客。

当你踏入宜家，你就会被"导线"默默地引导着走完所有角落。你从入口进去就被唯一的一条曲折回转主路依次引入客厅家具、客厅储物室等各个主区域，直到一个不落地走完才能抵达出口。但细心的你会发现，为了确保顾客在购物中想快速离开或快速抵达感兴趣的区域，每个主区域间有一些较隐蔽的辅助捷径。据说，这种导线设计在宜家内部被称为"危险的仙境"，意思就是看起来很美，但不知不觉会花光你手中的钱。

此外，在宜家，清晰明了的指引牌随处可见，墙上、地上、货架上，甚至连购物车上都会有清晰的退换货指示牌。除指引牌外，其每一个商品都会详细地标注尺寸，包括样板间也会标注面积的大小，让顾客可以快捷购物。

宜家以这种独特的店面路线设计和购物指引，让顾客看完了所有商品，虽然中途避免不了有走迷宫的感觉，但顾客找到东西的快乐被延迟了，最后买到东西时的快感会是原本计划购物的好几倍。而对宜家来说，如果有 60% 的商品本不在你的购买清单之内，但你选购了，那么，宜家的目的就达到了。

二、案例思考题

1. 为什么说宜家家居的商店布局是"危险的仙境",它具有什么特征?
2. 你如何评价宜家家居的"导线"设计?这对顾客意味着什么?

三、案例分析提示

1. 为什么说宜家家居的商店布局是"危险的仙境",它具有什么特征?

宜家家居从入口开始只有一条线路引入出口,顾客没有其他线路选择,因此只能按照画好的导线行动。由于结账与自提区在出口处,又只有一个入口,所以不管买什么都需要完整地走一遍这条早被规划好的线路。无论顾客是带着购买某种物品的需求来还是只想漫无目的地逛一逛,都要将餐具区、床上用品区等几个大区域一个不落地走完才能抵达出口,不知不觉中花了不少钱,这种计划外的消费对顾客来说无疑是一种"危险"。

宜家的货品分区明确、摆放有序、井井有条,价格标注清晰明了,在同类产品中价格实惠,购买流程也不复杂,只需要自己记住货物码就可以在结账后立即提货,买完就可以带回家,对顾客来说无疑非常便利。宜家虽然只有一条遍布全层的导线,但为了确保顾客在购物中想快速离开或者快速抵达感兴趣的区域,每个主区域间有一些隐蔽的辅助线捷径方便顾客通过。对于顾客来说,选择性多,看起来似乎很美,身在其中,逛起来像进入了家居的"仙境"一般。

宜家商场的布局是一个单向通道,中间布局使用了大量的隔断,让顾客增加行走距离,同时入口到出口的单向行走通道和有些像迷宫的辅助线布局也能够让顾客逛遍商店里的每个角落。而且通道中的捷径一般布置成和墙壁一样的颜色,隐藏在商品之中,顾客不易发现,不知不觉中就购买了很多商品。可以归纳其特征:第一,通道单向;第二,通道较长;第三,商品板块沿通道布局,规划分明。

2. 你如何评价宜家家居的"导线"设计?这对顾客意味着什么?

有人对宜家家居的"导线"设计颇有微词,认为其"迷宫式"的单动线设计对有明确购物需求或者逛的过程中想回头的人很不友好。对于那些有时间又想逛的人来说，这种设计或许是好的，但对于腿脚不便、时间有限的顾客来说就不够人性化，需要考虑顾客个性化的需求和进一步提升顾客的体验。

但总体来看，更多的人认为宜家家居的"导线"设计是合理的，甚至可以实行快捷购物，提高购物体验。因为只要多观察，就会发现在宜家里指引牌随处可见，地上、墙上清晰明了，在指引牌上会标出顾客所在的位置以及楼层图，在导线与指引牌、箭头的辅助下，顾客迷路以及找不到自己想到达区域的概率大大减少，甚至连购物车都会有清晰的退换货指示牌。

另外，这样的导线设计能够提高销售量。顾客只要从入口进入，无论如何都会走完一整条宜家设计好的导线，哪怕已经拿到自己想买的东西也会在去出口的路上走完剩下的每个区域，多多少少给楼层内商品增加了曝光率，使顾客"被迫"浏览了楼层内大部分商品。宜家每一个商品都会详细地标注尺寸，价格也放大写在上面，不少顾客在途中会遇到心仪的产品，既然结账处都在出口，顺手拿上一两件一起结账也很方便，从而提高了商品销量。

除此之外，宜家按使用功能分出几大用品区域，区域内布置得如同家中的一部分，再将商品摆放其中，导线在厨房用品、床上用品、储物收纳用品、浴室用品区域中穿梭，更能使顾客联想到自己的家，可以更好地思考自己家中需要的物品。

还有，宜家出口处可以买到1元钱的甜筒，不仅给顾客购物后带来甜甜的奖赏，加深美好的购物体验，还能给人留下宜家商品价格很低、很亲民的印象，增强了消费者与品牌的黏性，提高了产品的复购率。因此，你或许愿意下次再来"迷宫"走一次。

第三节　课堂讨论案例

案例11.2　灯光怎样"忽悠"我们的大脑

一、案例内容

　　灯光颜色不同，会给人带来视觉上的不同感受，所以使用色灯也是一门学问。一家餐厅的大厅灯火通明，但是走到餐桌的时候，灯光却骤然暗了下来。这样看似普通的设置不仅是为了单纯照明，更是为了通过灯光的照射使菜肴看上去显得色香味俱佳。一位餐饮店的老板揭示了其中的奥秘：一张张桌子并列排放，中间的间距比较大，暖暖的灯光直直地射下来，在桌子的正中间，聚成一个圆，这时，用来吃饭的普通饭桌便成了一个个小小的"舞台"，在舞台上"跳舞"的是一道道刚端上来的、飘着香味的菜肴；桌子的两边，是一个暗区，一明一暗，这样，用餐人自然而然地就把目光聚焦到了菜肴上；此外，光源的照射，使蔬菜晶莹剔透，使肉类香味诱人，顿时就让人有了食欲。如图11-1所示，灯光以明亮暖光为主的某店铺，给消费者带来了明快温暖的购物氛围。

　　超市或餐厅的灯光设计合理巧妙，如果是为了吸引消费者注意，使其产生购买欲望，获得消费体验，那么消费者似乎应该理解商家的良苦用心；但如果是为了给食品"遮丑""美容"，那么相信消费者可不愿意接受这样的"忽悠"。

图 11-1　某店铺灯光以明亮暖光为主，烘托明快温暖的氛围

二、案例思考题

1. 为什么说灯光能"忽悠"我们的大脑？这对消费者的心理和行为有怎样的影响？

2. 除了采用灯光，超市或餐厅还可以采用什么方法来吸引消费者？你是否赞成这样的做法？

三、案例讨论提示

1. 为什么说灯光能"忽悠"我们的大脑？这对消费者的心理和行为有怎样的影响？

在销售场所的内部环境设计中，灯光的使用具有重要的意义，灯光的强弱、明暗对比能使人产生不同的心理反应。灯光不但可以突出商品，还可为商场营造出特定的情景，增添商场气氛，给顾客带来不同的视觉上的感受，而且也是促销的一种手段。需要注意的是：

第一，灯光照明要符合环境的氛围，通过对商品的修饰补充，弥补商品视觉上的差值，从而使商品传达给消费者的视觉上的信息是积极的，进而激发消费者的消费欲望，产生消费行为。

第二，灯光照明营造出的气氛与消费者的心理感受相适应，从而增强感官刺激强度，渲染店内气氛，刺激消费者的情绪，增强消费者对其消费行为的认同。

第三，灯光照明的科学化与艺术化，可以渲染烘托出商店的气氛，突出商店已经有意识地运用灯光设计来突出自己的颜色标志，独特鲜明的整体灯光设计已经成为商店的经营特色和提高知名度的手段。

总之，合理地配置采光和照明，不仅可以使消费者的视觉感官舒适，而且对于吸引消费者并给其留下良好的印象是十分重要的。在灯光选择方面要注意与商店的建筑结构相协调，强弱对比不宜过大，彩色灯光和闪烁灯光要适度运用，如果光线杂乱或光线变化剧烈，会破坏店内整体的照明环境。还要注意不能乱用灯光，以免扰乱商品的颜色。

2. 除了采用灯光，超市或餐厅还可以采用什么方法来吸引消费者？你是否赞成这样的做法？

超市或餐厅还可以利用颜色、声音、气味等方法来吸引消费者，从感官上影响消费者的心理，调节营业环境的气氛，调动顾客的购物情绪。

灯光的重要性体现在：

首先，因为灯光照明是与卖场氛围有关的因素，空间不但要通过光束来表现，而且空间氛围、空间个性也要靠光束来渲染和控制；灯光照明也是商家向顾客传递商品信息的一种媒介；灯光照明属于情境因素中的物质因素，通过影响消费者的购买情绪进而影响其购买行为，所以灯光照明是"软包装"。不同光线、不同光源能使环境形成不同气氛，灯光在不同的利用情况下能够产生不同的质感、合适的光源。不同的摆放位置以及不同光源的组合能够带来强有力的视觉冲击力。

其次，科学合理地配置照明和装饰光源，既可以吸引顾客的注意力，又可以使顾客乐于在视觉舒适的购物环境中浏览选择。不同的灯光照明效果能够改变一个人的情绪，有些灯光使人兴奋、有些灯光使人安静、有些灯光使人舒适。因此在不同的环境中选择一个合适的照明程度很重要，如果照明的刺激给予消费者正向的消费欲望反馈，就会形成冲动消费的气氛，从而激发消费者的冲动性购买。

【实训任务】商店选址、布局及陈列对消费者的影响调查

◆ 1. 实训目的

选择所在城市的某一家商店进行实地调研，记录该商店所在位置，周围交通状况，观察商店的布局和商品陈列，考察其销售服务类型及状况，思考如何通过改善商店场景环境来促进消费者购买。

图 11-2　一家商店临窗的货架上摆满了商品

◆ 2. 实训内容

具体内容可以参考以下方面。

◎商店基本情况（业态/规模/历史）。

◎该商店所在的位置（核心商业区/区域商业区/社区商业区）。

◎商店的布局状况（层高、各层商品品类、同层商品布局）。

◎商店商品品类、价格区间情况。

◎商品陈列方式、方法。

◎商店提供的服务项目、销售人员服务态度。

◎观察记录店内的灯光、色彩、温度、音乐等情况。

◎观察商店的消费者特征（年龄、性别、收入、停留时间等）。

◎对商店布局及销售状况整体进行评价。

◎发现该商店销售中存在的问题，并提出建议。

第十二章

促销与消费者心理

本章导读

如今，促销已经是日常生活中最常见的营销行为，融入生活的方方面面。消费者对各种五花八门的促销"又爱又恨"，一方面，促销活动能够让自己"有利可图"；另一方面，促销也让消费者迷惑甚至反感。那么，企业如何应用不同的促销工具、在促销的同时坚守企业伦理道德？消费者如何在形式繁多的促销活动中避免上当受骗、保持冷静？

本章学习促销、促销组合、整合营销沟通的概念，分析促销对消费者的影响，学习不同促销形式的作用及功能，掌握不同类型促销组合的沟通特征，学习整合营销沟通的实施步骤。

案例"巴黎欧莱雅——'我值得拥有'"展现了欧莱雅对中国市场的促销策略与效果。案例"欧米茄超霸史努比：传奇 14 秒"无疑让不少人想拥有欧米茄表，这不仅是因为手表细节设计上的诚意与创新，更是因为其中的故事激励了不少人，吸引这些人为自己的情怀买单。

第十二章 促销与消费者心理

第一节 理论知识要点

一、促销的作用

促销是4P营销理论的重要内容之一,是为了促进消费者购买行为的发生、提高消费者购买行为的可能性和频率的最常用营销手段之一。

(一)促销的本质

促销的本质是一种信息沟通,是企业与消费者之间的信息沟通过程。

(二)促销组合的含义

企业把广告、人员促销、销售促进和公共关系等多种促销方式综合起来进行选择、协调、运用,组合成企业的整体促销策略系统,即称为促销组合。促销组合是一种系统化的整体策略,体现了现代市场营销理论中的整体营销思想。

(三)促销对消费者的影响

1. 获取信息
2. 获得经济利益
3. 获得情感满足

二、促销的类型及特征

(一)广告的含义

广告作为一种传递信息的活动,它是企业在促销过程中普遍重视且应用较为广泛的促销方式。

1. 广告的心理功能

(1)信息功能

(2)传播功能

（3）诱导功能

（4）促销功能

（5）美学功能

2. 广告媒体及特点

（1）报纸广告

（2）杂志广告

（3）广播广告

（4）电视广告

（二）人员促销的作用

人员促销是指企业促销人员直接与消费者接触、洽谈、宣传、介绍商品，以实现销售目的的活动过程。

1. 人员促销的特点

（1）信息传递的双向性

（2）推销过程的灵活性

（3）建立友谊，培养关系

（4）激发兴趣，促进成交

2. 人员促销的作用

（1）开拓市场

（2）传递信息

（3）推销产品

（4）提供服务

（5）收集信息

（三）公关活动的形式

1. 设计公众活动

2. 发布新闻

3. 举办记者招待会

4. 举办企业庆典活动

5. 制造新闻事件

6. 制作宣传材料

7. 制作内部刊物

8. 危机处理

（四）销售促进的特点

1. 销售促进的主要形式

（1）针对消费者的销售促进

①有奖销售

②优惠券

③消费卡

④价格折扣

⑤价格保证

⑥分期付款

⑦以旧换新

（2）针对经销商的销售促进

①交易折扣

②返点奖励

③销售竞赛

④销售奖励

⑤展销订货会

2. 销售促进的特点

（1）方式灵活、形式多样

（2）针对性强

（3）具有强烈的吸引力

（4）立竿见影的效果

三、促销目标与整合营销沟通

（一）促销目标与消费者心理

1. 促销目标

（1）增加销售量，扩大销售

（2）吸引新客户，巩固老客户

（3）应对竞争，争取客户

（4）树立企业形象，提升知名度

2. 促销过程中消费者心理活动状态

（1）知晓阶段

（2）了解阶段

（3）喜欢阶段

（4）偏好阶段

（5）说服阶段

（6）购买阶段

（二）促销组合的沟通特征

1. 人员促销的沟通特点

（1）面对面接触

（2）培养感情

2. 广告的沟通特点

（1）以新颖、奇特的方式吸引消费者的注意力，给消费者一定的震撼，引起消费者注意；

（2）通过各种媒体，及时、反复地传递产品信息，加深消费者的印象并便于消费者收集有关资料，在购买前有充分的考虑、比较和选择，减少购买风险；

（3）利用社会心理的作用机制，在消费者中形成广告的轰动效应，促使流行、时尚等社会行为的出现。

3. 销售促进的沟通特点

（1）能够快速引起消费者的注意；

（2）提供诱因，使用返现、折扣、满减等多种优惠活动，让消费者能够迅速感觉到所获的利益；

（3）强化刺激，通过特殊的手段刺激消费者立即付诸购买行动。

4.公共关系的沟通特点

（1）可信度高，如有关企业的新闻报道使消费者感到比广告更真实可信；

（2）能接近有意避开销售人员或广告的消费者；

（3）利用新、奇、特的手法宣传企业的产品或服务，树立良好的企业形象。

（三）整合营销沟通策略

1.整合营销沟通的含义

整合营销沟通也称整合营销传播，是指企业运用所有与消费者的接触点作为信息传达渠道、手段，进行全方位的信息传播，从而达到影响消费者购买行为的目标。

2.整合营销沟通的实施

（1）确定目标消费者

（2）明确沟通目标

（3）设计沟通信息

（4）选择沟通渠道

（5）编制预算

（6）收集反馈

第二节　教学引导案例

案例 12.1　巴黎欧莱雅——"我值得拥有"

一、案例内容

1907年，年仅26岁的欧仁·舒莱尔发明了世界上第一种无毒的合成染发剂，并命名为欧莱雅（L'Oreal）。如今，欧莱雅集团的经营范围遍及130多个国家和地区，产品已从染发剂扩展到女士护肤、彩妆、女士洗护发、家用染发、男士护肤、男士洗发及造型等诸多领域。欧莱雅旗下的品牌包括赫莲娜（HELENA RUBINSTEIN）、兰蔻（Lancome）、美宝莲（Maybelline）等，这些品牌给消费者带来了"从指尖到发梢"的美丽，使欧莱雅成为全球知名美妆品牌。2020年，《财富》世界500强榜单公布，欧莱雅位列第375位。

"巴黎欧莱雅——我值得拥有"这句广告语诞生于1971年。当时巴黎欧莱雅具有革命性意义的染发剂Preference上市，在这个产品的广告中，一句"我值得拥有"横空出世，成为全球首个直接主张女性力量的品牌Slogan。它彰显了一个伟大品牌的前瞻性与魄力，激励了无数女性勇敢发现自己的美与价值，也在新女性主义运动中写下了浓墨重彩的一笔。欧莱雅在全世界选择最具魅力的明星组成"梦之队"，从各个角度来展现"巴黎欧莱雅美丽无疆界"的气势，并使"巴黎欧莱雅——我值得拥有"的美丽概念成为经典。每一位欧莱雅品牌代言人都拥有成功的事业和非凡的个性，完美诠释了"我值得拥有"这一品牌理念。多年来，这句话被翻译成多种语言，鼓励全球不同肤色、不同年龄、不同背景的人，去追求值得拥有的人生，去创造值得拥有的美！

1996年，巴黎欧莱雅正式进入中国，促销策略是欧莱雅进军中国市场的重要手段。除了在大城市设立形象专柜、专卖店，欧莱雅的电视广告、杂志广告、巨幅明星海报等媒体广告随处可见，覆盖了大型百货商店、超市、药房、高档专业发廊和免税店等各种销售渠道。其中，演员巩俐成为欧莱雅在中国的首位代言人。作为合作最久的中国区代言人，巩俐对"我值得拥有"有着自己的解读："这句话提醒了我，我的自我价值，不是别人来选择的。即使遇到挫折，我从来没有怀疑过，也没有怀疑过我的自我价值。"

2021年，巴黎欧莱雅"我值得拥有"的广告语诞生50周年，半个世纪以来，为了诠释"我值得拥有"的理念，巴黎欧莱雅携手全球不同领域、成就非凡的杰出女性代言人呈现多元化的美与力量。她们虽然有着不同的肤色与语言，但有着同样的信念——与巴黎欧莱雅共同引领全球消费者探索美的内涵与真谛。

二、案例思考题

1. 你是否使用过欧莱雅的产品？你通过哪些渠道知晓这些产品？你如何理解"巴黎欧莱雅——我值得拥有"的广告语？

2. 根据案例，并查阅资料，分析欧莱雅针对中国市场的促销策略及其特点和效果。

三、案例分析提示

1. 你是否使用过欧莱雅的产品？你通过哪些渠道知晓这些产品？你如何理解"巴黎欧莱雅——我值得拥有"的广告语？

可以结合自己的实际情况表明和欧莱雅产品的关联。

从案例可知，"巴黎欧莱雅——我值得拥有"这句广告语诞生于1971年，那时，男性在社会中扮演了举足轻重的强势角色，而女性的个人价值与社会地位却时常被忽视。当时，铺天盖地的广告中，均从男性的审美需求出发塑造女性形象，物化了女性及其价值。因此，当欧莱雅的广告词"我值得拥有"出现后，成为全球首个直接主张女性力量的品牌Slogan，它彰显了欧莱雅品牌的前瞻性与魄力。

查阅资料可知，1996年欧莱雅进入中国，之后欧莱雅先后签约演员巩俐等多位有影响力的明星为欧莱雅产品做代言，她们的广告词最后一句是"你值得拥有"。这不得不说到中西方文化的差异以及翻译问题，将"because I'm/you're worth it"放入中文语境中，表面上看是人称的变化，从"我"变成了"你"；实际上也是传播环境的变化，表现了从"中心化"变为"去中心化"的转变。

"巴黎欧莱雅——我值得拥有"这句广告语简明扼要、观点明确且易于传播。一方面，"值得"暗含了对自身产品的自信；另一方面也以一种坚定的口吻对消费者进行潜移默化的影响。再者，其在全世界范围内挑选了明星代言，通过代言人的成功事业及独特个性进行"美"与"自信"的展示，生动、立体地诠释了品牌的价值和理念，带给消费者最直观的思维冲击。另外，从语法层面看"我值得拥有"属于陈述句，短促有力，表达了对个人追求的鼓励，而前文指定品牌名称"巴黎欧莱雅"，通过前后两个短句的相互关联，以未尽之言促成遐想，由消费者填补空白，唤起巴黎欧莱雅品牌的消费者去追求值得拥有的美好，增添了品牌的情感凝聚力。

2. 根据案例，并查阅资料，分析欧莱雅针对中国市场的促销策略及其特点和效果。

欧莱雅产品的高品质是它博得中国消费者青睐的主要原因。产品的多样化也是造就其良好销售业绩不可忽视的重要原因。产品线的拓展全面满足了消费者的不同需求，并为欧莱雅赢得了市场份额。尽管售价偏高，但消费者更愿意获得欧莱雅的承诺。此外，新产品很容易在中国市场流行，中国消费者乐于接受高品质、新概念的全新产品，因此欧莱雅向中国消费者推出很多概念性畅销的产品。

广告策略是欧莱雅进军中国市场的又一重要手段。广告形式包括现场推销、POP广告、电视广告等，欧莱雅对于不同的产品采用不同的广告策略，根据不同的目标顾客采取了行之有效的促销方法。例如，美宝莲，它以大众消费者为目标顾客。美宝莲是欧莱雅于1993年收购的一个美国品牌。美宝莲先于欧莱雅进入中国市场，早在1993年前就已在苏州建立自己的工厂。欧莱雅将美宝莲定位为一个大众化的品牌，每一个中国妇女都应该拥有一件美宝莲的产品。由于中国消费者把美宝莲当作时尚的代表，所以欧莱雅投放的广告是由美国影星为模特的国际版广告。另一个例子是染发产品。最早期中国消费者很难接受染发的概念，他们认为染发并不适合中国人。欧莱雅为帮助中国消费者了解染发产品，邀请了巩俐作为广告模特，因为巩俐拥有标准的东方人的头发，又被公认为中国的明星。通过巩俐拍摄的广告，欧莱雅让越来越多的人知道巩俐是中国人，她通过染发使自己更美丽，所以染发不再是中国人不能接受的，由此实现了与消费者良好的沟通。

欧莱雅通过对不同定位的消费者进行针对性促销，与各个层级的消费者均建立联系，知名度高且得到消费者认可，成为中国市场总体销量第一的品牌。欧莱雅在中国的品牌框架包括了高端、中端和低端三部分。（1）高端品牌。第一品牌赫莲娜，产品品质和价位都是最高的，面对的消费群体的年龄也相应偏高，并具有很强的消费能力；第二品牌是兰蔻，它是全球最著名的高端化妆品品牌之一，消费者多为追求生活质量的都市白领，具有消费能力也愿意为美消费；第三品牌是碧欧泉，它面对的是具有一定消费能力的年轻消费者。它们主要在一二线城市商圈内的大型购物中心销售。对于高端定位的品牌，欧莱雅集团在线下以专柜、巨幅广告等宣传为主，面对随时可以购买的目标消费者降价较少；高端品牌网络促销力度较大，结合电商平台活动折扣吸引平日不敢购入高端产品的消费者。（2）中端品牌。中端品牌主推美发产品，有卡诗和欧莱雅专业美发。卡诗主攻染发技术，销售渠道为专业美发店和发廊；欧莱雅专业美发面向大众，线上线下均有销售渠道。中端品牌的促销策略基本与美发店、毛发问题相结合。卡诗主要策略是使消费者在购买产品的同时得到专业发型师的服务；欧莱雅专业美发则针对不同发质问题推出具有相应缓解效果的洗护产品，产品折扣力度大。（3）低端品牌。主要涵盖巴黎欧莱雅的护肤、彩妆、染发等产品，在全国几百个百货商场设有专柜，还在一些高档超市销售。由于低端品牌走大众路线，在普通商场及超市随处可见，促销折扣力度大、赠品多。

2022年7月，欧莱雅集团发布2022年上半年财报，披露公司上半年实现销售额183.6亿欧元，同比增长13.5%，按固定汇率计算，增长13.9%，合并增长20.9%。所有地区市场实现两位数增长，新兴市场涨势强劲。欧莱雅集团表示，在后疫情时代环境下，消费者们展现出更强烈的社交渴望以及对于高质量创新美妆产品的青睐，大大推动了美妆市场的增长。欧莱雅达到了两倍于美妆市场的平均增速，巩固了全球第一大美妆集团的地位。在中国市场，除了传统的销售渠道之外，欧莱雅发挥电商优势，在2022年天猫6·18购物节期间，旗下共有6个品牌跻身前12名榜单，其中巴黎欧莱雅稳居护肤品领域的第一名宝座，卡诗也在高端洗护发品牌中位列第一，而3CE更是在彩妆品牌中独占鳌头。欧莱雅集团首席执行官让-保罗·阿贡（Jean-Paul Agon）在接受采访时坦言：没有什么能影响欧莱雅集团对中国消费者的信心，新的全球化将建立在开放合作和数字创新的基础上，中国将在其中扮演更重要的角色。

第三节 课堂讨论案例

案例 12.2　欧米茄超霸史努比：传奇 14 秒

一、案例内容

欧米茄（OMEGA）是瑞士钟表品牌，隶属于斯沃琪集团（The Swatch Group）。1848 年，欧米茄诞生于瑞士西北部的拉绍德芬（La Chaux-de-Fonds），创始人路易士·勃兰特（Louis Brandt）在当地办了一家装嵌怀表的小工坊，开始了欧米茄初期的制表事业。1894 年制造出了"Omega" 19 令机芯，此机芯获得欧洲几家著名天文台颁发的精确计时证书，公司决定以此重新命名，并以希腊字母"Ω"作为标志，欧米茄名称自此诞生。"Ω"是希腊字母表的第 24 个亦即最后一个字母，象征成就、完美与辉煌卓越，正如欧米茄品牌一样代表成就与完美。欧米茄向来以精准度而闻名，尤其在其著名的精准度测试中的精准纪录，建立了欧米茄精准的地位与声誉。

欧米茄的产品包括星座系列、蝶飞系列、超霸系列、海马系列。其中，超霸系列于 1957 年问世，旨在为科学家和运动员提供准确的计时。当时，美国太空总署为筹备阿波罗登月计划，曾对不同品牌的手表进行严格的测试，只有欧米茄的手表通过了这一测试。1969 年，巴兹·奥尔德林佩戴欧米茄超霸系列登上月球时，为这款表奠定了其历史地位。

欧米茄推出超霸"史努比"款手表源于背后发生的一个故事。1970 年，美国准备进行第三次登月任务，结果"阿波罗 13 号"飞船刚上太空，就发生了事故。在太空发生事故，人们都认为会机毁人亡，但是宇航员硬是开着损坏的飞船，成功返回地球，所有人平安。而在此次化险为夷的太空任务中，欧米茄起到了毋庸置疑的作用。当宇航员驾驶飞船进入地球轨道，宇航员杰克·斯威格特（Jack Swigert）用自己的欧米茄超霸进行了14秒的计时。他说："我记得要在第14秒点火，让飞船进入地球轨道。"而结果就是，他们凭借着精准的腕表计时，准确地判断了时间和进入地球轨道的时机，安全地回到了地球。为此，欧米茄获得了宇航局颁发的"史努比"奖，表彰其对"阿波罗13号"任务等人类太空探索做出的杰出贡献。

欧米茄第一代超霸"史努比"于2003年推出，这也是"史努比"首次出现在欧米茄的盘子上。第一代超霸"史努比"限量5441枚。第二代超霸"史努比"于2015年推出，限量1970枚，代表1970年的阿波罗13号，公布价格是4.93万美元。2020年，欧米茄推出第三代超霸"史努比"，即50周年纪念版腕表，公布价格是7.75万美元，虽然没有限量，但在实际市场上是奇货可居。事实上，这三代超霸"史努比"越来越受欢迎，价格一路走高，其中第二代超霸"史努比"已经涨到超过10万美元。据说，第三代超霸"史努比"，即50周年纪念腕表已从公价7.75万美元，上涨到如今二手平台市场价24.8万美元，可见，市场有多么喜爱这只呆萌的小狗——一只喜欢仰望星空的小狗。

欧米茄这款超霸"史努比"50周年纪念腕表之所以能够产生如此大的影响力，一方面与美国航天历史息息相关，另一方面则因为这款表在细节设计上的诚意与创新。有别于以往常见的黑色，这枚腕表采用了太空蓝作为主题色，赋予腕表别样活力；而表盘上的9点位置小秒针盘则加入了"史努比"漫画的作者查尔斯·舒尔茨特别为NASA绘制的太空服史努比图案，更添几分欢乐童趣。最让腕表收藏家津津乐道的是这枚腕表的表背设计——没有做成传统的透底机芯，而是呈现出史努比探索巨大月球的画面。当使用者按下计时按钮，表背上的史努比驾驶舱便会在月球背面环游。史努比坐在他的小火箭上在14秒钟转到小地球上（以此纪念"阿波罗13号"用超霸计时14秒飞船点火返回地球轨道的事件）。片刻之后，他将再次消失在月球表面后面。而那个蓝色地球也会始终转动，它与运行秒齿轮相连60秒转一圈。看着调皮捣蛋的史努比飞上月球，又安全抵达地球，在璀璨星空下从月球方向遥望地球，仿佛自身也飘浮在外太空上欣赏着这美景。那句"Eyes on the Stars"意指仰望星空，正是激励大家放眼世界、积极向上。

史努比凭借可爱唤起人们的童心，史努比喜欢幻想和仰望星空、永不放弃的哲学和智慧与欧米茄品牌不谋而合，作为时代经典让人们回味往日的情怀。更重要的是，那些在经典动漫诞生之初便为之热血沸腾的孩童，如今已经长成社会的中流砥柱，而他们往往具有足够的消费力，为自己的情怀买单。

（资料来源：澎湃新闻．从史努比到鬼灭之刃，动漫联名俨然成为制表界"流量密码"[EB/OL].http://www.163.com/dy/article/GSVLQ9FO0514R9P4.html. 有改动）

二、案例思考题

1. 欧米茄推出超霸"史努比"手表为什么受到大众的欢迎？
2. 分析品牌故事在促销中的作用。

三、案例讨论提示

1. 欧米茄推出超霸"史努比"手表为什么受到大众的欢迎？

第一，欧米茄品牌的光环作用。从案例可知，欧米茄以精准度而闻名。第二，欧米茄超霸系列产品不仅通过了美国太空总署严格的测试，而且是曾登上月球的手表，也是美国太空总署和俄罗斯太空总署指定的计时表，使这款表具有极高的历史地位。第三，史努比是美国漫画《花生漫画》中的著名角色，在漫画中史努比是一只有着太空梦想的狗，在作者舒尔茨的笔下，史努比早就凭借着自己的想象力，率先一步登上了月球。于是，在之后的飞行任务中史努比成为了NASA的吉祥物。NASA还设立了"银色史努比奖"，用来表彰为人类宇宙科学探索事业做出杰出贡献的人。获奖者会得到一枚附有NASA感谢信和证书的银质徽章，上面绘制着携带生命保障系统行走在太空的"史努比"，因此银色史努比也成了NASA每个航天员梦寐以求的东西。另外，可爱的史努比形象深入人心，能唤起人们的童心，其喜欢幻想和仰望星空、永不放弃的智慧与欧米茄品牌不谋而合，因此带有史努比图案的超霸"史努比"受到喜爱就不足为奇了。第四，腕表本身的设计和工艺让人喜欢。例如，第三代超霸"史努比"手表不仅采用3861手动计时机芯，在设计上还采用了太空蓝作为主题色，赋予腕表别样活力，表背还有可以移动的"史努比"飞船，非常有趣。第五，具有升值潜力。为了保持超霸"史努比"的稀有度和价值，超霸"史努比"数量有限。虽然第三代不是限量版，但很难买到，增加了其未来升值的潜力。

2. 分析品牌故事在促销中的作用。

事实上，动漫联名腕表已经成为制表界新的"流量密码"。无论是情怀、童心还是自我认同的标签，动漫人物最打动人心的特性正在和腕表发生着微妙的重合与碰撞，形成"1+1>2"的效果。欧米茄之所以会以史努比为灵感打造腕表，不只是因为可爱，更因为有历史纪念意义和故事背景。

欧米茄在营销中善于通过品牌故事的方式来宣传，让人谈论并分享品牌故事，让产品富有感染力，更容易得到消费者的共鸣和认同。以"阿波罗13号"发生的事件为原型改编的电影《阿波罗13号》(*Apollo* 13)是美国环球影业公司发行的一部纪实电影，讲述了当年三名宇航员凭着欧米茄的精准计时而回到地球的故事，再现了传奇的14秒。真实的事件再加上电影的放映，欧米茄品牌的传播更加广泛、形象、生动，有说服力。

另外，欧米茄还会将其品牌与体育运动相联系，曾作为奥运会等众多国际赛事的指定计时表，这是欧米茄手表精准品质的另一个写照。通过体育故事，不仅体现了一个品牌的价值，同时也获得了消费者的认同感。

因此，无论是在太空，还是与奥运会的结合，欧米茄树立起品牌的先驱精神和体育精神的形象，不但丰富了品牌故事，也提高了消费者的认可度，更有助于提高欧米茄手表的销售目标，占有更大的市场份额。作为奢侈品，不仅要满足消费者对于产品的功能性需求，还要满足消费者对身份认同感的寻求，因为消费者购买欧米茄这一类的奢侈品，代表着成就感、可信和个人的卓越。在品牌故事中，欧米茄要传递的信息是：欧米茄拥有悠久的历史，以及精确、可信的手表技术。正如其广告语"欧米茄——生活的真正时刻""欧米茄，全世界值得信赖的手表"。

【实训任务】广告对消费者的影响调查

◆ 1. 实训目的

通过调查不同形式的广告及传播效果，了解广告对消费者决策的影响，及广告在生活中的作用，提高对广告设计的认识和理解，分析广告要素对消费者心理和行为的影响。

◆ 2. 实训内容

◎调查一家百货店和一家超市，选定一个时间段（比如周末），对比这两家店做了哪些广告，广告的内容和形式有何异同，对消费者购物的影响。

◎选择某一品牌（如飘柔洗发水），分析其近期电视广告播放情况，包括广告播放时间段、广告创意、广告语、广告音乐、广告代言人等，并对其进行评价。

◎调查3—5人，了解其近期从微信朋友圈、头条、抖音、微博或小红书等社交媒体上收到过哪些广告，哪些印象深刻，对调查者的购买是否产生影响。

第十三章

消费者行为与消费者决策

本章导读

在前面学习了影响消费者行为的心理因素、环境因素和营销因素之后，本章终于到了针对消费者行为及决策的研究，也可以理解为心理因素、环境因素和营销因素是影响消费者行为及决策的自变量，消费者行为及决策是因变量。

本章学习消费者购买行为理论，学习消费者购买决策类型及内容，分析消费者购买决策过程。了解消费者行为往往不是完全的理性决策的结果，区分消费者的非理性行为、非伦理行为以及消费者的问题行为是必要的。

案例"吃水果麻烦？来一杯果昔吧"，分析了带有水果蔬菜和蛋白质的果昔饮料似乎越来越受到消费者的关注，许多饮料公司发现了这一商机，正在开发这一市场。不过，作为一种新产品，我国消费者对果昔产品的认知度有限，果昔的大众消费还没有到来。案例"英国的消费者：'省钱'热情高"是消费者认知变化影响其行为变化的典型例子。

第十三章 消费者行为与消费者决策

第一节 理论知识要点

一、消费者购买行为理论

(一) 习惯养成理论

习惯养成理论认为消费者购买行为实际上是一种习惯养成的过程。

（1）重复形成喜好与兴趣；

（2）购买习惯的养成取决于"刺激－反应"的巩固程度；

（3）及时且适当地使用强化物，能有效地促进消费者习惯购买行为的形成。

(二) 信息加工理论

(三) 效用理论

1. 基数效用论中的边际效用理论

（1）边际效用的大小，与欲望的强弱呈正相关

（2）边际效用的大小，与消费数量的多少反向变动

（3）边际效用是特定时间内的效用

（4）边际效用实际上永远是正值

（5）边际效用是决定商品价值的主观标准

2. 序数效用论中的无差异曲线理论

(四) 减少风险理论

二、消费者购买决策内容

(一) 购买决策的重要性

（1）消费者决策是否进行购买，决定了购买行为是否发生

（2）决策的内容决定了购买行为的方式、时间和地点

（3）决策的质量决定了购买行为的效用

（二）购买决策的类型

1. 根据消费者购买决策的不同研究视角划分

（1）理性决策

（2）经验决策

（3）行为决策

2. 根据消费者在购买过程中的介入程度划分

（1）扩展性决策

（2）限制性决策

（3）习惯性决策

（三）购买决策的内容

（1）购买主体（Who）

（2）购买对象（What）

（3）购买原因（Why）

（4）购买地点（Where）

（5）购买时间（When）

（6）购买方式（How）

三、消费者购买决策过程

（一）需求确认

（二）信息收集

1. 人际来源

2. 商业来源

3. 公众来源

4. 经验来源

（三）评估选择

1. 分析产品的属性

（1）增加销售量，扩大销售

（2）吸引新客户，巩固老客户

（3）应对竞争，争取客户

（4）树立企业形象，提升知名度

2. 建立属性等级

（1）知晓阶段

（2）了解阶段

（3）喜欢阶段

（4）偏好阶段

（5）说服阶段

（6）购买阶段

3. 确定品牌信念

4. 形成"理想产品"

5. 做出评价

（四）购买行动

1. 他人的态度

2. 意外因素

（五）购后反应

1. 购后使用和处置

2. 购后评价

3. 购后行为

四、决策中的非理性行为

（一）消费者的非理性消费

1. 经济能力的提升

2. 虚荣效应心理

3. 企业营销因素的影响

（二）消费者的非伦理行为

1. 非伦理行为的动机

（1）道德感的缺失

（2）机会主义

（3）消费情境的影响

2. 具体的消费者非伦理行为

（1）违反道德性规范行为

（2）违反契约性规范行为

（3）违反行政性规范行为

（三）消费者的问题行为

1. 强迫性消费

2. 饮食失调

3. 酗酒

4. 赌博

第二节　教学引导案例

案例 13.1　吃水果麻烦？来一杯果昔吧

一、案例内容

一种浓稠、带有水果蔬菜和蛋白质的饮料似乎越来越受到消费者的追捧。根据咨询公司英敏特（Mintel）的报告，2015 年，全球果昔的品种同比增长了 23%。而在美国，虽然果汁销售额在下降，果昔销售额却逆势增长，甚至正在一步步蚕食果汁的市场份额。

根据 Mintel 的数据，15% 的美国消费者会从零售渠道购买果昔作为日常早餐，11% 的消费者会在果昔店或者饮品店购买后早上喝。典型的果昔消费者是年轻、有健康诉求的女大学生或者初入职场的女性，因为它便捷、好吃（喝）、便于携带又比较有营养，而且还能管饱，甚至可以代餐。其实，果昔的出现已经有一段时间了，果昔连锁店品牌 Jumba Juice、Smoothie King 以及瓶装即饮果昔 Naked 和 Odwalla 品牌大多是在 20 世纪 80 年代创立的。近年来因为消费者对健康的日益关注以及生活节奏加快，果昔似乎更加受欢迎了。一些人把喝果昔当作摄入维生素的方式，羽衣甘蓝这样的蔬菜和水果混在一起，口感更好，比单吃蔬菜更甜，更容易让人接受。另外，果昔可以搭配出来的种类比果汁更多，花样也更多。除了蔬菜，你还可以往里面加豆奶、酸奶、坚果和谷物等。值得一提的是，近年来人们对食品功能性的关注也是果昔越来越受欢迎的原因之一。比如说，果昔品牌都很善于利用奇亚籽、玛卡、蜂花粉和小麦草这些带有"保健"卖点的材料。

在英国，最有名的果昔是 Innocent Smoothies，Innocent 果昔的口味很多，有草莓香蕉、百香果芒果、蓝莓樱桃等，每一种都是用天然新鲜水果制成，没有任何添加剂，也没有经过浓缩还原的全天然鲜果昔，就看你中意哪一款。而且，每年一到冬天，英国超市里卖的 Innocent 的果昔就会戴上各式各样的小毛线帽，超级可爱。你可以摇一摇直接喝，也可以倒进碗里，撒上一些燕麦、坚果等，还可以切一些喜欢的水果摆盘，一道颜值超高的果昔就诞生啦！

食品公司怎么会轻易放过这个健康的潮流。百事可乐公司 2006 年买下了 Naked，而可口可乐公司拥有 Odwalla 品牌。不过，它们面对的一个问题可能是消费者普遍觉得瓶装即饮果昔没有果昔店里或者家里做得健康。在我国，消费者对果昔的认知度还有限，但无论如何，随着消费者日益对健康的关注以及多元化的口味需求，果昔的市场仍有待开发。

二、案例思考题

1.根据案例，请分析消费者为什么会购买果昔，满足了消费者的哪些需要。

2.你认为果昔品牌可以采取什么措施吸引更多消费者购买？

三、案例分析提示

1.根据案例，请分析消费者为什么会购买果昔，满足了消费者的哪些需要。

首先，根据案例，典型的果昔消费者是年轻、有健康诉求的女大学生或者初入职场的女性。因为它便捷、好吃（喝）、便于携带又比较有营养。

其次，随着时代的发展，消费者的生活水平提高，生活节奏也加快，消费者对健康食品的需求增加。果昔相对于吃水果来说也更加方便，同时能补充人体所需要的维生素。各种水果蔬菜混杂在一起，口感更好，也比单吃一种类型的蔬菜水果更加丰富，在制作果昔的过程中还可以加入自己喜欢的配料，也让不爱吃蔬菜水果的消费者更容易接受。

最后，随着消费者生活水平的提高，对生活水平的质量也有一定的要求，因此对健康的产品需求增加，果昔用健康的材料制作，满足了消费者的需求。同时果昔相对于吃蔬菜水果来说更加方便，减少了消费者的时间成本。而且，果昔的消费者绝大多数针对的都是女性顾客,女性消费者对于控制身材也有一定的需求,而果昔某种程度上既能补充营养,又能代餐。另外,由于在社交软件上大家都热衷于分享果昔饮料,Innocent果昔颜值高,还满足了消费者的社交需求。

2. 你认为果昔品牌可以采取什么措施吸引更多消费者购买?

第一,当前果昔市场不够成熟,普及程度不够深,因此果昔品牌可以加大宣传力度。例如,利用网络媒体进行宣传,给消费者足够的心理暗示,增强消费者对于果昔的认可。例如,通过抖音、快手、小红书等自媒体平台,抓住直播带货的潮流,推广果昔品牌,拉近与消费者的距离,扩大宣传力度,降低营销策划的成本,或请一些明星做代言人,吸引消费者。

第二,果昔的受众大多数是年轻、有健康诉求的女性。这些女性顾客对于产品的颜值需求较大,因此果昔品牌可以制作高颜值的包装,增强消费者的关注度,唤起消费者的购买欲,形成商家独特优势,提高产品附加值,提升品牌形象,满足消费者的好奇心,给消费者带来更好的使用体验。

第三,目前虽然有些大品牌购入了果昔品牌,但是消费者仍然认为瓶装即饮果昔没有果昔店或者家里做的果昔健康,因此这些果昔品牌可以扩大品牌的宣传力度,可以将果昔的制作过程,甚至水果蔬菜等原材料的产地以及采摘等一系列的加工过程进行公开展示,让消费者放心。

第四,果昔仅仅针对女性顾客,受众面较窄,因此可以针对不同人群的需求研发制作不同的果昔产品,满足更多消费者的需求,例如,针对老人就制作无糖的果昔等。加大促销力度,开展促销活动,或者实行会员制,在生日当天免费领取一杯果昔等。

除此之外,果昔品牌还可以与其他品牌进行联名,推出一系列周边产品,吸引消费者购买;也可以与物流快递等公司合作,进行一对一送货到家服务,减少顾客的等待时间等。

第三节　课堂讨论案例

案例13.2　英国的消费者："省钱"热情高

一、案例内容

对英国零售商来说，2022年的"黑色星期五"可能更为重要。因为他们试图鼓励购物者在生活成本危机侵蚀他们的圣诞预算之前立刻消费。据麦肯锡的数据，近70%的英国购物者计划参加源自美国的这一打折活动，高于2021年的57%。此外，数据研究公司Audit Lab的数据显示，自2021年以来，消费者出于想要省钱的目的对黑色星期五销售的在线搜索量增加了四分之一。

同时，据瑞典Klarna公司的数据，黑色星期五前一周的销售额比去年增长了三分之一。麦肯锡驻伦敦的英国消费者业务主管Anita Balchandani表示："黑色星期五将在购物日历上变得更加关键，所有的圣诞节消费都被提前了。"

不仅如此，在很多情况下，黑色星期五已经变成了黑色11月。百货公司John Lewis Partnership Plc和连锁药店Boots都从11月初开始提供优惠。还有很多零售商也开始在9月和10月举行圣诞促销活动，以吸引购物者比平常更早地进行消费。

然而，这并不意味着消费者在大肆挥霍。据了解，随着能源账单上涨和抵押贷款成本上升，消费者正在减少今年圣诞节的支出。安永的数据显示，近一半的英国消费者计划在这个节日期间减少消费，三分之一的人会为朋友和家人购买更便宜的礼物，还有一些人则完全放弃了圣诞购物。对此，零售商不得不加大折扣力度，以求在大多数品牌一年中最关键的时候推动消费。孕妇时尚品牌Seraphine Group Plc将提供30%的折扣，而前一年的折扣为20%；健身服装品牌 Gmshark 将提供高达 60% 的折扣；电子产品零售商 Currys Plc 将提供高达 40% 的折扣。

除了应对消费者减少支出的需求外，商家疯狂打折的另一个原因是其库存过多。据了解，部分商家在经济较强、消费者信心较高的时候订购了库存，甚至有些公司有意增加贸易库存，以确保其产品在供应链混乱的情况下不断供。咨询公司 Retail Economics 的首席执行官 Richard Lim 表示："参加黑色星期五的零售商正在增加，这是因为他们的库存过多。他们花了很多钱把货物运到这个国家。"不过，零售分析师 Richard Hyman 认为不断地打折将会导致消费者认识到，如果他们能够坚持不买，最终零售商会降价处理商品，而消费者也能以折扣价采购到他们心仪的商品。由此，零售商不断地打折会最终导致"信任的稀释"。

另外，一种新的消费思维在消费者的认知中兴起。例如，消费者更愿意购买那些可以层层累加的服装，也就是说相对于购买一件厚厚的冬衣，消费者更有可能投资于一件轻便的春季夹克和一件运动连帽衫，这个组合可以单独或者拆分地持续穿多个季节。零售商应该意识到消费者不再是单一品类商品的采购者了，他们正在进行模块化的采购，他们想方设法地去省钱。面对复杂的市场环境变化和消费者心理和行为的变化，英国零售商的未来可能犹如消费者的心血来潮一样不可控制。

（资料来源：雨果网．英国市场服装销售趋势向好，但整体零售环境令人堪忧［EB/OL］.［2022-03-31］.https://baijiabao.baidu.com/s?id=1728766402793960667&wfr=spider&for=pc. 有改动）

二、案例思考题

1. 英国的零售商为什么要"疯狂打折"？你认为消费者认知的变化怎样影响了其行为的变化？

2. 你怎样理解文中所说的"不断地打折会最终导致消费者'信任的稀释'"？英国消费者消费行为的变化情况是否也发生在中国？

三、案例讨论提示

1. 英国的零售商为什么要"疯狂打折"？你认为消费者认知的变化怎样影响了其行为的变化？

根据案例，英国的零售商打折的原因之一是消费者有减少支出的需求。由于新冠疫情、地缘政治和全球经济格局变化的影响，造成了能源价格飙升、利率上涨、供应链端的压力，这些因素的变化不仅进一步加深了货品价格通胀水平，还在一定程度上增加了英国民众的生活成本。再加上用人成本增加、对未来预期的迷茫等原因，消费者勒紧裤腰带过日子的时候正在到来。另一个原因是其库存过多，如案例所提到的咨询公司 Retail Economics 认为参加黑色星期五的零售商正在增加，这是因为零售商的库存过多。

总而言之，是因为英国的消费者正在想方设法地去省钱，对"省钱"热情高涨，如案例中，消费者正在采取模块化的购衣方式，他们会侧重于选择更为百搭灵活的服装，因为这样不仅好看，也会更省钱。

2. 你怎样理解文中所说的"不断地打折会最终导致消费者'信任的稀释'"？英国消费者消费行为的变化情况是否也发生在中国？

"不断地打折"即单纯地靠促销降价来刺激消费者购买，但是一旦消费者依赖品牌的降价刺激购买后，就很难恢复正常成交价。不仅如此，频繁降价销售还会降低品牌形象，因为多数消费者觉得"好的品牌不打折"，打折降价的品牌会让消费者觉得产品要么质量有瑕疵，要么销量不理想，就降低了对品牌的信任，即造成"信任的稀释"。而且，频繁降价促销不仅不能让消费者真正理解你的品牌和产品，可能还会不断激发消费者"求便宜，占便宜"的心理，长此以往企业无法盈利，会发生不良连锁反应。因为，对于消费者而言，商品价格是衡量商品价值的最明确、最直接的尺度。

由于同样受新冠疫情和全球经济发展低迷的影响，英国消费者的消费行为特征变化也会发生在中国，包括在消费行为上呈现理性化、模块化、多变性，喜欢"省钱"购物等。例如，2022 年以来我国居民储蓄率大幅上升，截至 2022

年上半年，居民储蓄率达36%，较年初提升5个百分点，表明人们在消费方面更加谨慎。另外，国内消费者对于服装的模块化搭配显然也只是小部分人的认知。由于地理位置和文化间的差异，我国的消费者在选择服装时大多会注重季节的影响，对服饰品牌的忠诚度会更高，并且受中国传统思想文化的影响，消费者更加勤俭节约。

【实训任务】电脑购买和消费状况调查

1. 实训目的

以你所在学校的同学为调查对象，采用配额抽样和随机抽样相结合的方法，调查不同年级、专业的同学购买电脑情况，了解其购买电脑行为的差异，调研结果有助于帮助同学做出合理的购买决策，为厂家针对校园电脑消费提供营销决策方面的参考信息。

2. 实训内容

调查内容可以参考以下内容。

◎购买电脑的动机、购买时间（大一/大二/大三/大四）。

◎购买地点（网购/专卖店/其他）。

◎电脑购买信息获取渠道（网络/报纸杂志/电视媒体/亲戚朋友）。

◎所购电脑具体信息（品牌/款式/颜色/价格/尺寸）。

◎哪些因素对购买电脑的决策起决定作用（质量/配置/价格）。

◎购买电脑决策的影响者（家人/朋友/销售人员）。

◎购买和使用电脑的满意度（电脑性能/外观/价格/售后服务/服务态度）。

◎预计未来更换电脑的时间（年/月）。通过以上数据的收集和分析，总结所在高校的学生电脑消费总体状况，并向厂家提出营销建议，形成"大学生电脑消费状况报告"。

第十四章

网络消费心理与行为

本章导读

如今，上网已成为人们日常生活的一部分。人们利用网络阅读新闻、浏览信息、购物、娱乐，以及通过网络办公、开会等，这些都司空见惯。根据中国互联网络信息中心（CNNIC）发布的报告，截至2022年12月，我国网民规模达10.32亿。有人说，"可以不出门，可以不社交，但一定不能没有手机"。实际上，离不开手机，是离不开对网络的依赖。伴随着网络发展，大数据、云计算、移动互联网、物联网、人工智能等新技术不断涌现，消费者的消费观念、消费形式、消费角色以及消费行为发生了根本的变化。

本章学习网络消费的概念及特征，划分网络消费者类型，分析网络消费的心理表现及行为特征，归纳影响网络消费行为的因素，学习网店的规划布局及电商营销策略对消费者心理和行为的影响。

案例"新零售'盒马鲜生'新思路"阐述了结合"线上"和"线下"优势的新零售代表"盒马鲜生"的做法，为同类企业提供了一种思考路径。案例"迪卡侬的'自助结账'描述了迪卡侬"推出的"自助结账"给消费者带来的便利、可能出现的问题以及需要的技术保障。

第一节　理论知识要点

一、网络消费概述

(一) 网络消费的含义

网络消费是指人们以互联网为工具而实现其自身需要的满足。

广义的网络消费包括上网浏览新闻、搜索信息、玩网络游戏、网上购物、在线观影等多种消费形式。

狭义的网络消费主要指网上购物，即人们为完成购物或与之有关的任务而在网上虚拟的购物环境中浏览、搜索相关商品信息，从而为购买决策提供所需要的必要信息，并实现购买决策的过程。

本章研究的内容主要是狭义的网络消费。

另外，网络消费与电子商务密切相关。通常，电子商务有三种模式：① B2B (企业对企业)；② B2C (企业对消费者)；③ C2C (消费者对消费者)。

(二) 网络消费的特征和优势

1. 网络消费是一种间接消费；

2. 网络消费的消费主体是某个组织和个人；

3. 网络消费的核心内容是信息；

4. 网络消费的目的在于满足消费者对产品信息或其他信息的需求；

5. 网络消费具有提前性；

6. 网络消费是一种全新的购物方式，以价格优势、商品丰富性、便捷性以及消费者的自主性吸引了传统线下消费者；

7. 网络消费对需求及经济发展有强大的拉动作用。

（三）网络消费者类型

1. 务实型

2. 浏览型

3. 经验型

4. 冲动型

二、网络消费的心理和行为特征

（一）网络消费的心理表现

1. 追求物美价廉

2. 追求方便快捷

3. 追求独立自主

4. 追求个性与体验

5. 愿意沟通与分享

6. 理性和非理性并存

（二）网络消费行为的特征

1. 个性化消费，体现购物主权

2. 追求购物效率和体验

3. 购买手段和支付方式的变化

4. 购物场合及购物频率的变化

（三）影响网络消费行为的因素

1. 外在因素

（1）经济因素

（2）社会文化因素

（3）政策因素

（4）购物网站的属性特征

2. 内在因素

（1）个人特征

（2）心理因素

①对网上商店缺乏信任

②对个人隐私和网上支付缺乏安全感

③认为价格不透明

④认为配送和售后服务缺乏保障

三、网络消费心理策略及技巧

1. 合理规划布局

2. 打造"爆款"

3. 为消费者全方位省钱

4. 提升顾客网购体验

5. 保障网购安全

6. 把流量转化为购买力

7. 提高服务质量

第二节　教学引导案例

案例 14.1　新零售"盒马鲜生"新思路

一、案例内容

提到"盒马鲜生",很多人都知道这是连锁生鲜超市品牌,这个超市与普通超市不同,而是集超市、餐饮店、菜市场三者功能于一体。事实上,盒马鲜生是阿里巴巴重构线下超市推出的一种新零售业态,自 2016 年第一家盒马鲜生门店在上海开业以来,在短短几年时间内盒马鲜生覆盖了华北、华东、华南、华中、西南、西北区域,并且迭代出盒马鲜生、盒马集市、盒马便利店、盒马 MINI、盒马会员店等多种零售形式。盒马鲜生靠什么吸引了大批忠实顾客呢?

盒马鲜生的思路是:我给你高品质生鲜,这不难;同时,我还给你做好,你可以直接吃,还不用收拾吃完之后的残骸,这其实也不难。但是正是把这两个"都不难"的东西整合起来,才形成了"新零售"——把你的潜在需求直接变成体验,也就变成了我的收入。在盒马鲜生购物,你可以在店里直接购买,还可以在 App 上下单,半个小时送到家,方便快捷,要是不想自己做还可以当场加工,当场吃,绝对新鲜……这都是盒马鲜生的线上和线下生鲜超市的标签和特色,再加上盒马鲜生周围的 3000 米社群,免费半小时送货上门的服务,就把线上和线下的消费者稳稳地圈在了自己的闭环中。

由此,盒马鲜生做得风生水起,不仅是因为其简单的"线上 + 线下"模式,还因为其发挥了线上和线下优势互补的作用。同时,盒马鲜生的差异化经营特色更加突出。如果你常去盒马鲜生,可能会发现它的货架上标有"盒马"品牌的产品越来越多——从只卖一天的日日鲜蔬菜、瓶装大米、纸巾、调料、罐装坚果，再到套着蓝色塑胶外壳的免洗洗手液……这些被称为"盒马自有品牌产品"，已经占到了盒马整体 SKU 的 10%。盒马鲜生已建立起涵盖日常型、改善型和极致型消费需求的自有品牌的商品体系来满足不同消费人群的个性化需求。如盒马蓝标、盒马工坊、盒马日日鲜主要满足大众日常生活，主打进口食材的帝皇鲜和盒马金标则面向追求高品质的人群，盒马黑标主要是全球稀缺商品，主打限时限量发售，比如巴掌大的黑虎虾等。

如今，盒马鲜生已成为很多城市不同区域的生活中心，覆盖了线上消费者，也离线下消费者很近。这种既占领了物理空间，又影响了消费者决策的布局，争夺的恰恰是除了核心商圈之外的郊区和社区。看来，新零售正在突破传统零售的观念和模式，只做传统的线下业务的零售商正面临强大的竞争者。

二、案例思考题

1. 盒马鲜生与普通超市有何不同？满足了消费者的哪些需求？
2. 作为新零售的典型代表，盒马鲜生的竞争力有哪些？

三、案例分析提示

1. 盒马鲜生与普通超市有何不同？满足了消费者的哪些需求？

盒马鲜生是一家线上与线下深度融合的新零售商，与传统零售最大的区别是，盒马以消费者为中心，运用大数据、云计算、物流系统，将会员系统、支付系统全面打通，提高流量抓取和流量变现能力。如案例所言，盒马鲜生集超市、餐饮店、菜市场三者功能于一体，把顾客的潜在需求直接变成顾客的体验。

盒马鲜生不仅给消费者带来全新的购物方式，既是零售超市大卖场，也是超级火爆的大餐厅，还能让消费者购买到质量优异的"盒马自有品牌产品"，涵盖日常型、改善型和极致型消费需求，满足大众日常生活的多重需要。

2. 作为新零售的典型代表，盒马鲜生的竞争力有哪些？

首先，精准定位。从消费人群来看，"80 后""90 后"的消费者占到了盒马鲜生顾客比例的 80% 以上。他们在互联网时代成长起来，相对于价格，更加关注品质。从选址上来看，盒马鲜生也遵从这一原则，选择离目标顾客更近的区域开店，围绕目标顾客构建商品品类，提供消费者满意的服务。

其次，盒马鲜生改变了传统的零售模式，不仅打通了线上和线下购物渠道，还发挥了线上和线下优势互补的作用。传统零售的餐饮通常以人工为主，而盒马通过他们的"前店后厨"加工，还能推出半成品。所以它不仅仅是一个超市，也不仅仅是一个餐厅，还是一个加工厨房，一个物流中心、运营中心、社交中心。这样的复合生态，不仅丰富了可供消费的产品和服务，还通过互联网大大提高了用户忠诚度。

最后，是盒马鲜生的差异化经营。利用互联网技术扩大盒马鲜生的品类，顾客可以在盒马鲜生买到几千元的野生黄鱼、帝王蟹等，也可以买到三五块的水果蔬菜；而且，盒马鲜生把所有商品都做成小包装，提倡"小包装、一餐食"的概念。最大限度地保持天然食品原有的新鲜程度、色泽、风味及营养。因此，通过各种各样的商品来满足消费者的各种需求，围绕"吃"来定位，再加上一站式服务让盒马鲜生具备巨大的商品竞争力。

第三节　课堂讨论案例

案例 14.2　迪卡侬的"自助结账"

一、案例内容

你要是去迪卡侬（Decathlon）购物，结账时可能会发现原本人工收银的位置变成了自助收银区。你只需要把挑选好的衣服全部放入扫描筐，就完成了所有商品自动识别，包括识别件数和金额，你只需付款就可以走人，前前后后不到一分钟，整个流程十分快捷。估计你会惊奇地喊一声"太高级了"！

迪卡侬是一家来自法国的体育用品零售商，截至 2021 年底，迪卡侬在 70 个国家开设有 1747 家门店。2003 年迪卡侬进入中国，至 2021 年已遍布全国 46 座城市、178 家商场。迪卡侬以提供具有较高性价比的运动服饰、装备以及各种创意类运动产品而出名。

据了解，2019 年，迪卡侬与英国移动自助结账技术公司 MishiPay 合作，推出 Scan & Go 移动自动结账解决方案。该技术也可对射频识别（RFID）防盗标签消磁，方便消费者走出商店无须排队离开。一项研究显示，免去排队需求一直是在线零售的优势之一，但同时，有 72% 的 17—44 岁消费者现在也会在商店使用手机支付及浏览商品。对此，迪卡侬的首席技术官西比·德·格拉夫（Sybe De Graaf）表示，公司不断寻找创新技术解决方案，试图提升消费者体验，并降低顾客排队结账的不悦感。

2020 年以来，由于新冠疫情的影响，迪卡侬在更大范围推广该技术，在其遍布德国的所有商店推出其 Scan&Go 移动自助结账解决方案。迪卡侬德国数字化商店负责人斯蒂芬·哈特科恩（Stefan Hertkorn）表示："面对新冠疫情大流行,该解决方案为客户带来了明显的好处,使购物者能够在整个购物过程中使用自己的设备,而无须接触商店硬件,也无须排队等待结账。"MishiPay方面表示:"购物者只需使用智能手机扫描物品并付款,就可以自动禁用RFID安全标签,从而可以自由离开商店,最大限度地减少了人和结账设备接触的需要,并提高了购物者的便利性。"斯蒂芬·哈特科思说:"我们一直在寻找创新的方法来为我们的客户改善店内体验,我们发现他们很喜欢使用MishiPay的支付App。"

不仅迪卡侬,优衣库、大润发等零售商纷纷运用AI、人脸识别及云端技术等,让顾客可以完成自助结账,不仅使顾客享受付款便利性,避免排队结账时人潮大排长龙的窘境,还可节省人力成本,确保了库存的准确性,提高了管理效率。

二、案例思考题

1. 迪卡侬推出的"自助结账"有何作用?可能出现的问题有哪些?
2. 商场的"自助结账"需要怎样的技术保障?

三、案例讨论提示

1. 迪卡侬推出的"自助结账"有何作用?可能出现的问题有哪些?

从消费者的角度来看,"自助结账"首先可以方便顾客,自助结账大大节省了顾客的时间成本;其次,购物结账无须排队,提高了顾客体验;最后,增强了顾客购物中的自主性、可控性,尤其是在新冠疫情特殊时期,自助服务无须接触商店硬件,也无须排队等待结账,最大程度上减少病毒传染的可能,让顾客更加放心。

从商店来看,"自助结账"可节省人力成本,确保了库存的准确性,提高了管理效率。而且,服务是商店经营的基本职能,与生产商不同,零售商能制造和提供的就是服务,这是零售商的无形资产。迪卡侬的自助结账受到顾客的认可和喜爱,创造了属于迪卡侬的无形资产,在竞争激烈的市场环境中,自助结账也可以成为迪卡侬的差异化策略的体现。因此，优衣库、大润发等其他的零售商也推出了"自助结账"业务。

随着商场的"自助结账"越来越普及，超市盗窃案件也随之频发，且呈现逐年递增趋势。超市盗窃案件是商场自助结账盗窃行为的简称，即犯罪嫌疑人在自助结账时以故意漏扫码、不扫码、扫码后又删除等方式窃取商品的行为。伴随着零售业态的不断创新和移动支付技术的迅猛发展，国内各类商场、超市相继推出顾客"自助结账"等无人值守的新型经营模式。这种模式在提高购物效率、节约商家人力投入的同时，也导致超市盗窃案件数量呈逐年加速上升趋势。2019—2021 年，北京市检察机关办理的超市盗窃案件数分别为 159 件、349 件和 1101 件。可见，加强对商场"自助结账"的监管是必要的。

2. 商场的"自助结账"需要怎样的技术保障？

目前，商场的"自助结账"需要相应的技术支撑，其原理是近些年流行的 RFID 技术的应用。RFID 技术也称射频识别技术，其原理是通过无线电信号识别特定目标并读写相关数据，而无须系统与特定目标之间建立机械或光学接触，这种技术适用于短距离识别通信。日常应用中也被称作感应式电子晶片，或近接卡、感应卡、非接触卡、电子标签、电子条码等。目前，RFID 技术的应用行业领域非常广泛，对于提升各类企业的工作管理效率具有很大的积极意义。

如案例所述，迪卡侬采用的是移动自助结账技术公司 MishiPay 基于 RFID 标签的技术。其实，在我国的零售商中，也有采用类似的自助服务结账的技术。例如，北京的物美商场从 2017 年开始就在一些商店使用多点的自助结账服务"自由购"，自助结账流程很简单，去超市挑选商品后，打开多点 App，选择超市门店（App 也会自动定位选择），经 App 扫描商品条形码、提交订单、在线支付后，经过防损门就可以将商品直接拿出超市，不用去收银台排队结账。这样"自由购"的实现，看似轻松简单，但背后是连接了物美和多点十几个系统的结果。"首先，这需要物美和多点在系统层面全部打通，如商品系统、门店系统、结算系统、会员系统、防损系统等。"物美的相关人员介绍说。

优衣库自助结账由三个部分构成：首先，电子标签隐藏在每个商品的吊牌里或者大家买完优衣库产品后，把吊牌对着灯举起来，也能看到吊牌内的电子标签。其次，只要电子标签在读写器的读写范围内，就可以读出其中记录的信息（商品详细信息、价钱等）。最后，读取完信息后用结账系统实现自助结账。可见，通过无线射频方式进行非接触双向数据通信，利用无线射频方式对记录媒体（电子标签或射频卡）进行读写，从而达到识别目标和数据交换的目的。

另外，RFID 电子标签不仅用于收银阶段。得益于对商品的追踪识别功能，除了应用于商业零售领域的物流管理、商品防伪等，它还可以应用于门店端，有助于品牌更好地掌握消费者对不同商品的偏好等。此外，优衣库曾经还推出 RFID 购物车、试衣镜等设备。

【实训任务】直播购物状况及满意度调研

◆ 1. 实训目的

通过问卷调研或访谈，了解所在学校的学生直播购物状况，了解同学直播购物的原因，直播购物频率以及直播购物遇到的问题，为企业改进直播营销方案提供参考资料。

◆ 2. 实训内容

调研内容包括以下方面。

◎是否通过直播间进行购物（频繁使用/较多使用/较少使用/从不使用）。

◎选择直播购物的原因（价格优惠/方便快捷/直观看到产品/打发时间/休息娱乐/喜欢主播）。

◎直播购物的频率（每月一次及以上/每1—3个月一次/每4—6个月一次/每半年及以上一次）。

◎通过直播间购买了哪些商品。

◎在直播间遇到的问题（虚假宣传/买到假货/买到的商品和想象的不同/退货难）。

◎对直播购物的满意度(产品/服务/质量/价格)。根据以上内容,总结同学们参与直播购物的基本情况和存在的问题,对同学进行理性直播购物提出建设性建议,并从直播间经营者的视角,提出如何规范运营和吸引更多消费者的直播策略。

第十五章

绿色消费心理与行为

本章导读

  一个消费者做出怎样的消费选择，不仅受到其经济实力、消费意愿、个人心理、性格特征等影响，还体现了消费者的价值观和社会责任感。可以说，消费不仅是一种经济现象，还是一种社会和文化现象，折射出某一时代背景下社会的经济水平、价值取向和道德风尚。绿色消费倡导消费者追求资源节约的消费方式和消费内容，做一个"负责任"的消费者。

  本章学习绿色消费的含义，了解绿色消费产生的背景，学习绿色消费的主要内容和影响因素，归纳我国当前绿色消费存在的问题，以及政府在绿色消费中的作用。作为企业，如何通过绿色营销促进绿色消费，以此来实现企业利益、消费者利益、社会利益及生态环境利益的协调统一。

  案例"时尚新潮流——绿色环保牛仔裤"以大街小巷到处可见的"牛仔裤"为例，指出生产牛仔裤的过程中会产生大量的污染，我们习以为常的日常消费活动中可能存在各种各样对环境不友好的消费行为。案例"麦当劳——纸吸管替代塑料吸管？"讲述了用纸吸管替代塑料吸管这一绿色消费行为产生的原因、存在的问题及改进措施。

第一节　理论知识要点

一、绿色消费的兴起

(一) 绿色消费的含义

绿色消费是指一种以适度节制消费，避免或减少对环境的破坏，崇尚自然和保护生态等为特征的新型消费行为和过程，是符合人的健康和环境保护标准的各种消费行为和消费方式的统称。

绿色消费主要有三层含义：一是倡导消费者在消费时选择未被污染或有助于公众健康的绿色产品；二是在消费过程中注重对垃圾的处理，不造成环境污染；三是引导消费者转变消费观念，崇尚自然、追求健康，在追求生活舒适的同时，注重环保，节约资源和能源，实现可持续消费。

(二) 绿色消费的产生

绿色消费的产生，与人们在经济发展过程中对自然资源、自然环境的认识相关。人类与自然的物质交换过程，必须建立在平衡的基础上。

一方面，人类向自然取得物质资料，要以自然的再生产能力为前提，而自然界许多资源本身是不可再生的；另一方面，人类将排出物返还自然，要以自然的"净化"能力为限，否则，就会对环境造成污染。

(三) 绿色消费的内容

绿色消费包括的内容非常宽泛，不仅包括绿色产品，还包括物资的回收利用、对能源的有效使用、对生存环境和物种的保护等。

绿色消费的具体内容可以用5R原则或3R+3E原则来概括。其中，5R原则包含的内容是：(1)节约资源、减少污染(Reduce)；(2)绿色生活、环保选购(Reevaluate)；(3)重复使用、多次利用(Reuse)；(4)分类回收、循环再生（Recycle）；（5）保护自然、万物共存（Rescue）。3R+3E 原则的内容包括：减少非必要的消费（Reduce）、重复使用（Reuse）、再生利用（Recycle），以及经济实惠（Economic）、生态（Ecological）、平等（Equitable）。

（四）绿色消费与消费伦理

消费伦理是指人们在消费水平、消费方式等问题上产生的道德观念、道德规范以及对消费行为的价值判断和道德评价，是指导并调节人们消费活动的价值取向、伦理原则、道德规范的总和。消费伦理的内容主要有：（1）提倡适度消费，崇尚节俭和合理消费相统一；（2）提倡绿色消费，确立符合保护生态环境要求的消费；（3）提倡科学消费，建立科学、文明、健康的消费方式。

可见，绿色消费作为消费伦理的重要内容和关键命题，其有伦理基础和原则，同时，要真正实践绿色消费，必须加强消费道德教育，培养消费者合理的消费伦理观念，加强伦理观念教育。

绿色消费和消费伦理共同坚持的原则有：（1）人与自然和谐的原则；（2）物质生活与精神生活和谐的原则。

二、绿色消费心理和影响因素

（一）绿色消费的心理过程

1. 认知过程

2. 情感过程

3. 意志过程

（二）绿色消费的心理特征

1. 理性消费

2. 崇尚消费的自然性

3. 引致效应

（三）绿色消费的影响因素

1. 收入水平

2. 受教育程度

3. 需求动机

三、绿色消费行为的促进

（一）我国绿色消费存在的问题

1. 绿色产品的供应有限

2. 绿色产品的价格偏高

3. 绿色产品流通渠道不健全

4. 绿色产品市场秩序不规范

（二）政府在绿色消费中的作用

1. 鼓励绿色产品消费

2. 扩大绿色消费市场

3. 倡导绿色生活方式

（三）绿色消费和绿色营销的共同促进

1. 绿色营销是企业市场营销的新理念

2. 绿色消费为企业提供了新的细分市场

3. 以绿色产品满足消费者的新需求

4. 实施绿色产品的品牌发展战略，树立绿色品牌形象

5. 承担相应的社会责任

第二节　教学引导案例

案例15.1　时尚新潮流——绿色环保牛仔裤

一、案例内容

牛仔裤似乎是永恒的时尚单品，颇受大众青睐。据统计，全球近90%的人至少有一条牛仔裤；美国人均拥有8条牛仔裤，年轻人高达11条。而很多人并不知道，生产一条牛仔裤会造成大量的污染和浪费。例如，牛仔裤的蓝色来自含有化学成分的靛蓝染料，而这种靛蓝染料在水里面的溶解性很差，这就意味着在制造牛仔裤及消费者清洗牛仔裤的过程中，会不断有靛蓝染料流入河流，而它们不能够溶解，这就造成了水污染。同时，在牛仔裤的制作工艺中，浸染、水洗等多个环节涉及大量用水，牛仔裤生产还消耗了大量水资源。

如今，随着消费者的环保意识越来越强，绿色环保成为牛仔裤品牌竞争的一个热点，如何才能减少牛仔裤对环境的污染成为时尚行业的新命题。美国牛仔裤品牌Levi's的技术人员发现，可以在不同的工艺环节中使用新技术，这样能显著减少牛仔裤的用水量。于是推出一组名为"省水牛仔"的产品。Levi's在新出的牛仔裤上增加"生态标签"吊牌，在标签上说明牛仔裤生产过程中使用的资源和能源，间接说明对环境的影响；并标明牛仔裤并不需要天天洗，甚至不需要每个星期洗一次，在持续穿着的状态下，只要两个星期洗一次就足够了。如果不是每天持续穿着，还可以穿更长时间。

其他牛仔裤品牌商考虑使用有机染料代替传统的工业靛蓝染料，当然，自然染料的成本更高，但是对于减少污染的贡献是非常可观的。例如，来自瑞典的环保牛仔裤品牌Nudie Jeans，其生产的有机牛仔裤一般一条200—300美元，虽然售价很高，但其销量正在慢慢上升。

二、案例思考题

1. 你是否了解牛仔裤生产过程中的污染和浪费？这是否会影响你对牛仔裤的选择？

2. 你认为采用新技术和新材料的牛仔裤是否会受到消费者欢迎？有哪些制约因素？

三、案例分析提示

1. 你是否了解牛仔裤生产过程中的污染和浪费？这是否会影响你对牛仔裤的选择？

从查阅的资料可知，牛仔裤生产过程中的污染和浪费表现在：（1）牛仔裤的生产过程会大量用水，其印染工序中会使用和排放包括重金属在内的许多有毒物质，并且这些有毒物质排到海河中无法被降解，对海洋生物及海水环境的影响很大。（2）制作牛仔裤的过程中还会产生难闻的气体，对人体以及空气都是有影响的。（3）牛仔裤造成的水污染的程度与全球变暖的程度可比，有报道称在北极发现纤维，而牛仔裤的一次洗涤会洗掉5万条纤维进入水环境中。（4）牛仔裤在制作过程中会使用大量化学用剂，同时牛仔裤也会吸收化学用剂，在售卖后的日常穿着中可能也存在化学成分，对人体健康有着不可忽视的影响。（5）经常洗涤牛仔裤，同样会对水环境造成一定量的污染。

在我国，广东新塘是牛仔服装产业的重镇，也是全国百强镇。新塘牛仔产业起步于20世纪90年代左右，经过近几十年的发展，新塘镇已经成为中国最大的牛仔服装生产基地。在新塘，家家户户投身制衣界，"农民"当"老大"，GDP快速增长。新塘官方数据显示，新塘内有牛仔服装相关配套企业2600多家，占新塘工业企业的60%。曾经全国60%的牛仔服装来自新塘，全国30%的牛仔服装出口来自新塘，产品远销俄罗斯、美国、欧盟等几十个国家和地区，平均每天有250万件牛仔服从新塘流出。新塘镇也因此获得了"中国牛仔之都""中国牛仔第一城"的美誉。但其造成的污染是严重的,曾经清澈的河水已变成污水,不能再用来饮用、洗衣和灌溉,空气中弥漫着或恶臭、或刺激性的气味。

2012年德国一家电视台拍摄了一个纪录片《牛仔裤的代价》,彻底颠覆了人们对牛仔裤和时尚行业的认知。美国《时代》杂志报道过,2007年,美国某品牌牛仔裤对其制作的一款牛仔裤所需的资源进行了一次评估,结果得出了一项惊人发现——牛仔裤几乎就是由水制成的,从棉田到棉布再到洗衣机,一条牛仔裤一生之中居然需要耗费3480升水,如果按成年人每天需摄入两升水来计算,一条牛仔裤的耗水量足以满足一个成年人接近五年的饮水量。而且,牛仔裤含有的化学物质已经达到2500多种,是造成环境污染的原因。

近几年,随着社会对广东新塘的空气污染和水污染的关注,新塘开展了一系列污染整治工作。

绿色消费理念倡导消费者在消费时选择未被污染或有助于公众健康的绿色产品,在消费过程中注重对垃圾的处理,不造成环境污染,引导消费者崇尚自然、追求健康,在追求生活舒适的同时,注重环保、节约资源和能源以及实现可持续消费。因此,作为个体消费者,不买或者少买牛仔裤,对于之前就购买的牛仔裤则尽量减少洗涤次数,同时,呼吁身边爱穿牛仔裤的人群少穿、少洗、少买;如果在选择商场中的牛仔布料的服装时,尽可能考虑其是否为环保面料等。

2.你认为采用新技术和新材料的牛仔裤是否会受到消费者欢迎?有哪些制约因素?

采用新技术和新材料的牛仔裤会受到部分消费者的欢迎,对于热爱环保又热爱牛仔裤的人群来说是一个不错的选择。因此,在消费者具备环保意识、愿意购买绿色环保牛仔裤的大环境下,推出该产品确实能够减缓牛仔服装对地球的污染,所以受到消费者的欢迎。购买环保牛仔裤的消费者会形成一种我对环保做出一定贡献的绿色消费心理。

虽然采用新技术和新材料的牛仔裤会受到消费者欢迎,但也有些制约因素。总体上看,绿色消费的影响因素不仅包括政策、经济、社会等因素,还包括消费者的收入水平、受教育程度、需求动机、社会阶层、人际关系、情境及参照群体等因素。

(1)收入水平。收入水平是绿色消费需求产生的物质基础。当收入达到一定水平后,消费者会对环境质量和生活品质产生更高的要求。由于绿色产品在定价时要把环境保护支出或新工艺、新材料等支出纳入成本,因此价格偏高。案例中,Nudie Jeans 生产的有机牛仔裤一般一条 200—300 美元,比普通牛仔裤售价高了许多,收入水平不高及价格敏感的消费者会因绿色产品的高价格而使其绿色消费行为受限。牛仔裤采用了新技术和新材料必然会提高价格与成本,会影响消费者的购买。

(2)受教育程度。一般来说,受过良好教育的人具有更强的社会责任感,也更能接受绿色消费观念。有研究表明,受过良好教育、有独立收入的年轻人比其他人更关心环境,并且对绿色产品消费溢价的接受能力更强,购买绿色产品的意愿更强烈。同理,受到良好教育的人会有先进的"可持续观念",进而会购买采用新技术和新材料的牛仔裤。

(3)需求动机。当消费者的基本需求满足后,开始追求超越"物质"的生活。消费者在购买中不仅关注产品价格、产品质量、产品效益,还会关注产品是否对生态环境造成破坏,从而产生绿色消费行为。当消费者追求超越"物质"生活时,会考虑购买采用新技术和新材料的牛仔裤。

第三节　课堂讨论案例

案例 15.2　麦当劳——纸吸管替代塑料吸管

一、案例内容

2020年6月30日，麦当劳中国宣布，即日起，北京、上海、广州、深圳近千家餐厅将率先停用塑料吸管，同时在杯盖的设计上进行了微调——在杯盖上有一个饮用嘴，只要打开上面的小盖儿就可以直接饮用了，替代了过去塑料吸管的使用。据了解，目前中国有超过3500家麦当劳餐厅，其塑料吸管的年均使用量约为400吨。麦当劳（中国）副总裁张帆表示，目前麦当劳中国所有的包装里，大概80%都已经实现了纸质化，塑料只有20%的用量。

麦当劳用纸吸管替代塑料吸管，是为了响应2020年1月国家发展改革委、生态环境部印发的《关于进一步加强塑料污染治理的意见》，根据国家政策，到2020年底，全国范围餐饮行业禁止使用不可降解一次性塑料吸管。2021年，全国塑料吸管禁令正式生效。很多餐饮企业，包括各品牌奶茶店、快餐店、咖啡店都已经不再提供一次性塑料吸管，纷纷开始使用纸质吸管和PLA可降解吸管。据了解，PLA是一种新型的生物降解材料，使用可再生的植物资源（如玉米）提炼出的淀粉原料制成。其具有良好的生物可降解性，使用后能被自然界中微生物完全降解，最终生成二氧化碳和水，对环境非常友好。

数据显示，2019年全国塑料制品累计产量8184万吨，其中塑料吸管近30000吨，约合460亿根，人均使用量超过30根。业内专家表示，塑料吸管的使用时间只有几分钟，但降解的时间可能长达500年。由于"限塑令"的生效，更换纸吸管以及体验感更好的可降解吸管已是大势所趋。

在荷兰,麦当劳餐厅同样向顾客提供纸质吸管,而非塑料吸管,同时也将不再使用麦旋风冰激凌的塑料盖子,并且麦当劳顾客收到的包装中有85%是由可再生材料或可回收材料制成的。麦当劳表示,这一举措每年将节省1亿根吸管和1700万个麦旋风盖子,相当于每年要少消耗72000公斤的塑料。在荷兰拥有254家餐厅的麦当劳表示,通过这一举措,它将担负起建设一个更清洁、更可持续社会的责任。

许多消费者表示,愿意以实际行动支持纸吸管替代塑料吸管,但是,有消费者指出,在使用纸吸管后时发现纸吸管质地偏硬,不适合有咬吸管习惯的消费者,并且久泡后,吸管和杯盖的接口处有软化的现象,有消费者表示,用纸吸管喝奶昔,吸管会改变饮料本身的味道。而PLA吸管外观看上去像磨砂质感的塑料吸管,喝冷饮时与塑料吸管的体验感相似,但喝热饮时PLA吸管会变形。甚至还有的消费者用纸质吸管扎不开盖子,有的商家就会随饮品配上可以戳开饮品表面的牙签来方便纸吸管插入,来解决消费者饮用饮品时的"难题"。看来在讲究环保的同时,纸吸管还有改进的空间。

二、案例思考题

1. 麦当劳为何用纸吸管替代塑料吸管?
2. 针对纸吸管存在的问题,有哪些改进措施?

三、案例讨论提示

1. 麦当劳为何用纸吸管替代塑料吸管?

2021年,全国塑料吸管禁令正式生效。很多餐饮企业都不再提供一次性塑料吸管。麦当劳采用纸吸管替代塑料吸管也是全球"减塑风潮"中的策略之一,通过这一举措,麦当劳希望担负起建设一个更清洁、更可持续社会的企业责任。

2. 针对纸吸管存在的问题,有哪些改进措施?

从案例可知,在纸吸管的使用过程中存在纸吸管质地偏硬,口感体验欠佳，用纸质吸管扎不开盖等问题。因此，一方面，应从技术上持续改进，优化纸吸管的使用体验，以及推出、推广更容易被市场接受的环境友好型产品，从而使"限塑令"的落地推进不致陷入瓶颈。例如，据报道，芬兰研究人员利用木质纤维和蜘蛛丝成分研发出一种新型生物基材料，未来有望充当塑料的替代品，用于生产医疗用品以及纺织业和包装业等。印尼是世界上海藻产量最高的国家之一，其产量占全球的1/3以上。该国一家创业公司研发出了一种以海藻为原料的可降解包装袋，取代方便面调料、茶叶、咖啡粉的塑料包装。制造商可以在上面印刷文字，该包装还可溶于水、可食用。韩国一家公司以大米为原材料制造出了可食用的吸管。这种吸管由米粉和木薯粉等环保材料制成，可实现百分之百生物降解，比传统塑料吸管更坚固。另一方面，消费者在吐槽的同时，也不妨多一些耐心。有业内人士表示，纸吸管只是暂时的替代品，未来还有很大的提升空间。此外，就像越来越多人随身携带环保购物袋一样，改变自身习惯，携带可重复使用的吸管，也是纸吸管之外的一种选择。

【实训任务】校园垃圾分类状况调研

◆ 1. 实训目的

调查所在高校的校园垃圾分类情况，了解大学生参与垃圾分类的意愿和行为，开展垃圾分类知识的宣讲活动，提高大学生绿色消费意识，倡导环保消费行为。

◆ 2. 实训内容

调研内容包括以下方面。

◎校园垃圾分类收集容器的设置情况。

◎垃圾分类收集容器的标识是否清楚。

◎垃圾分类收集容器的便利性。

◎校园垃圾分类的宣传途径和手段。

◎学生参与校园垃圾分类的情况及遇到的问题。

◎开展垃圾分类知识宣讲活动,对垃圾分类进行示范,强调垃圾分类的重要性,让更多的同学了解环保知识,增强环保意识。

◎总结校园垃圾分类的整体情况,提出校园环保倡议书。

参考文献

[1] 白玉苓.消费心理学（附微课）[M].北京：人民邮电出版社，2022.
[2] 白玉苓.消费者心理与行为（微课版）[M].北京：人民邮电出版社，2022.
[3] 陈勇，叶天宏，欧茂华.市场营销案例与分析[M].成都：西南财经大学出版社，2021.
[4] 白玉苓.消费者行为学[M].北京：人民邮电出版社，2021.
[5] 白玉苓，陆亚新.零售学[M].北京：机械工业出版社，2020.
[6] 王曼，白玉苓.消费者行为学[M].北京：机械工业出版社，2018.
[7] 江林，丁瑛.消费者心理与行为[M].北京：中国人民大学出版社，2018.
[8] 佘贤君.触发非理性消费[M].北京：机械工业出版社，2018.
[9] 卢泰宏，周懿瑾.消费者行为学：洞察中国消费者[M].北京：中国人民大学出版社，2018.
[10] 林建煌.消费者行为学[M].北京：北京大学出版社，2016.
[11] [美]大卫·R.贾斯特.行为经济学[M].贺京同，高林，译.北京：机械工业出版社，2016.
[12] [美]利昂·希夫曼，约瑟夫·维森布利特.消费者行为学[M].江林，等译.北京：中国人民大学出版社，2015.
[13] [美]迈克尔·R.所罗门，南希·J.拉博尔特.消费心理学：无所不在的时尚人[M].王广新，等译.北京：中国人民大学出版社，2014.
[14] 林升栋.消费者行为学案例教程[M].北京：北京师范大学出版社，2014.
[15] [美]德尔·I.霍金斯，戴维·L.马瑟斯博.消费者行为学[M].符国群，等译.北京：机械工业出版社，2013.
[16] 苏勇，梁威.消费者行为学[M].北京：高等教育出版社，2013.
[17] 林祖华，殷博益.市场营销案例分析[M].北京：高等教育出版社，2012.
[18] 朱迪，格雷厄姆.消费者行为学案例与练习[M].江林，译.北京：中国人民大学出版社，2011.
[19] 雷鹏，杨顺勇.市场营销案例与实务[M].上海：复旦大学出版社，2011.
[20] [美]帕科·昂德希尔.顾客为什么购买[M].刘尚焱，等译.北京：中信出版社，2010.

[21][美]丹·艾瑞里.怪诞行为学[M].赵德亮,夏蓓洁,译.北京:中信出版社,2010.
[22][美]罗格·D.布莱克韦尔,保罗·W.米尼德,詹姆斯·F.恩格尔.消费者行为学[M].吴振阳,等译.北京:机械工业出版社,2009.
[23]庄锦英.生活心理学[M].杭州:浙江教育出版社,2009.
[24]王甦,汪安圣.认知心理学[M].北京:北京大学出版社,2006.
[25]吴晓云.工商管理市场营销案例精选[M].天津:天津大学出版社,2003.
[26][美]理查德·格里格,菲利普·津巴多.心理学与生活[M].王垒,王甦,等译.北京:人民邮电出版社,2003.